LE POÈTE COLARDEAU

(Extrait des Mémoires de la Société d'Agriculture, Sciences,
Belles-Lettres et Arts d'Orléans).

CHARLES PIERRE COLARDEAU.
DE L'ACADÉMIE FRANÇOISE.
Né à Janville près d'Orléans, Mort à Paris
le 7 Avril 1776. Agé de 42 ans.

LE POÈTE COLARDEAU

(1732-1776)

SA VIE, SA FAMILLE, SES AMIS
SON PAYS, SON TEMPS

D'après ses lettres, des pièces d'archives et divers écrits

Par M. Armand BOUVIER

ORLÉANS
IMPRIMERIE MODERNE
91, Rue d'Illiers

1925

A

<table>
<tr><td align="center">

Jean **BOUVIER**

*Ancien élève de l'École Normale
Supérieure*

———

✱

Valence
7 août 1884

†

Village de Laffaux
7 avril 1917

</td><td align="center">

Pierre **BOUVIER**

*Ancien élève de l'École
des Chartes*

———

✱

Paris
21 juillet 1887

†

Vaux-Chapitre
18 août 1916

</td></tr>
</table>

Morts pour la France

*Nul n'est si fol qu'il préfère la guerre à la paix ; car en
celle-ci les enfants donnent sépulture à leurs pères ; en
celle-là, les pères à leurs enfants.*

HERODOTE, 1, 87.

LE POÈTE COLARDEAU

(1732-1776)

SA VIE, SA FAMILLE, SES AMIS
SON PAYS, SON TEMPS

D'APRÈS SES LETTRES, DES PIÈCES D'ARCHIVES ET DIVERS ÉCRITS

AVANT-PROPOS

Où donc ai-je lu, — lecture à toute vapeur, pages défilant aux yeux, comme, en chemin de fer, poteaux de télégraphe — où ai-je vu qu'il n'est roman, histoire même qui vaille une biographie bien faite ? Si le portrait est la plus haute expression des arts du dessin, pourquoi n'en serait-il pas ainsi du portrait que trace l'écrivain ? Et vous voyez tout de suite la difficulté, malgré des différences plus apparentes que réelles entre l'écrit et l'image : le portrait ne souffre guère la médiocrité. Quel avantage, d'autre part ! tout modèle est bon pour qui sait voir et bien rendre.

Murillo promenant un jour sa flânerie d'artiste par les rues de Séville, aperçoit dans un taudis un jeune garçon dépenaillé, poitrine nue, jambes nues, tête rase, qui, sans vergogne, s'épouille. Auprès de lui, un vieux cabas, d'où sortent quelques fruits, une cruche, des crevettes éparses.

Un rai (1) de soleil tombe, oblique, sur cette misère et la dore. Vite un croquis, puis, à l'atelier, une toile bientôt achevée avec amour. Elle triomphe au Louvre avec l'Assomption ; d'idéale beauté, celle-ci me paraît moins éloquente que celle-là par sa simplicité. Tout un passé, tout un peuple y vit. Haillonneux avec fierté, ce petit Diogène nourrit grassement sa vermine, la cueille avec application, boit de l'eau, ne se lave point et s'estime trop pour besogner de ses bras. Il demande l'aumône à la porte des églises, mais il a ses plaisirs, la corrida, l'autodafé; il acclame, il insulte taureau ou matador : il voit avec allégresse flamber le mécréant : mais il saura mourir à Rocroy ou à Saragosse.

Considérez, dans l'œuvre de Rembrandt, ce vieux rabbi d'Amsterdam, à la barbe de bouc : des mains larges et fortes comme des plateaux de balance, un nez solide et précis, des yeux froids de calculateur, un manteau sombre agrafé de pierreries, un turban oriental, quel contraste avec la gueuserie qui précède ! quelle évocation des lointaines origines et de l'avenir d'une race longtemps maudite, consciente de sa force ! Je me souviens, à regarder la gravure de Strange, d'une lecture faite ici même sur Zangwill, pénétrante étude qui me fut révélatrice.

Plus près de nous, voici un bourgeois du temps de Louis-Philippe. Bien en chair, bien assis dans un fauteuil d'acajou au dossier bas, d'où sa forte carrure émerge librement, il travaillait à son bureau. On est venu lui parler. Une pirouette au siège, et l'homme est devant vous, en pleine lumière, un petit reflet se jouant sur le bois, unique détail du mobilier, simple caprice dans cette œuvre si grave. Personnage quelconque au premier aspect : visage plein, menton double qui mollement repose sur la cravate blanche, la double pointe du col accentuant ces rondeurs, cheveux blancs, bien fournis, qui bataillent sur le front en ordre dispersé, redingote noire, aux plis sans grâce, gilet de soie puce, breloque sur le ventre, mains étalées sur les cuisses :

_____

(1) J'écris rai, selon l'ancien usage, c'était le bon (v. LITTRÉ).

ce n'est pas l'Apollon du Belvédère, non, pas plus qu'un Paturot, un Joseph Prudhomme, comme le pourrait croire un esthète attardé qui voit partout le philistin : il s'en faut de cent mille piques. Regardez : l'attitude est calme, le regard profond, la bouche a toute la grâce du silence intelligent ; les mains, les bras disent la conviction, le ferme vouloir ; de la personne entière émane l'énergie. C'est l'homme moderne, qui porte aisément de lourdes responsabilités, se montre égal aux plus grandes entreprises, s'intéresse à tout, comprend tout, ne s'étonne de rien, aime son temps, mais le juge, étudie le passé, non pour y ramener ses contemporains, mais pour y chercher les lois de l'avenir ; car rien ne ressuscite et tout se continue. Cet homme est une puissance ; il représente une des plus formidables inventions des temps nouveaux, le journal. Il est « juste milieu », ce qui ne passe point alors pour un compliment, Que de risées de la sottise française sur ce mot de la sagesse antique : In medio virtus ! Car le peuple de France, dont le génie est tout de raison et de mesure, se complaît aux exagérations, aux violences du verbe et de l'action, sauf à rire de lui quand il faudrait pleurer. Ce juste milieu, les Débats le défendent toujours, avec quel talent, vous le savez, selon les vues de Bertin l'aîné.

« Quelle vanité que la peinture ! (Pascal). — Non, puisqu'un portrait nous dit tant de choses, puisque, dans l'incessant devenir de l'individu, il montre l'humanité qui demeure, les aspects d'une époque, un des moments de l'histoire.

Illusion, répondra-t-on, prestige de la couleur et de la forme. — Non : la couleur ? on s'en passe et de la forme, même réduite à quelques linéaments, on se contente et l'on admire. D'Ingres encore, voyez, à Bayonne, à Rouen, à Paris, tel ou tel dessin : l'ovale délicieux d'un visage, l'auréole d'un chapeau-calèche, des cheveux en coques ou, tout bonnement, des bandeaux plats sur un front pur, les fanfreluches d'un col ou d'un corsage à peine indiqué, la caresse enveloppante de ces yeux si doux, ces lèvres fines qui ont tant d'esprit, mieux que cela :

> Comment fais-tu les grands amours,
> Petite ligne de la bouche ?

C'est la femme française, le chef-d'œuvre d'une civilisation tant de fois séculaire. Simple esquisse, quelques coups de crayon, un rien, un tout, sublime création, sujet de rêves infinis.

Le peintre n'a point pensé à tout cela. — Qu'importe ? il donne l'essor à notre pensée. S'il agit sur tous et si diversement, c'est pour avoir exprimé l'humain, touché avec maîtrise cet immense clavier dont les moindres vibrations se prolongent dans les âmes capables d'émotion.

Que si c'est bien là le pouvoir de la peinture et des arts, de son apanage, comment la parole, peinture elle aussi, avec des ressources illimitées, ne pourrait-elle autant et mieux ? Le peintre ne saisit qu'un moment de la durée ; le biographe suit les évolutions de la vie et de tous ces instantanés compose une image synthétique, un film de cinéma, montrant de la sorte l'identité de la personne en son existence.

Que le biographe ait intérêt à choisir ses modèles parmi ceux que les siècles renomment, on le peut admettre. Plutarque a portraituré les Grecs et les Romains illustres. Encore les a-t-il voulu voir dans le déshabillé plutôt qu'en costume d'apparat, peignant l'homme plus que le héros, les rapprochant de la commune humanité le plus possible, pour qu'ils fussent de meilleur exemple à tous. Bien lui a pris : nul d'entre les anciens n'a été plus populaire parmi ceux qui lisent. Illustres, l'eussent-ils été sans lui ? On en peut douter pour quelques-uns.

Quant à ceux qu'un néologisme a sacrés surhommes, au mépris de l'usage. (On dit sous-officier, non pas surcolonel ; laissons à la cuisine le sucre surchoix), quant à ces « héros » nul portrait, plume, dessin, buste ou pinceau, ne les saurait rendre au vrai et dans une complète synthèse. Alexandre ne voulait, pour le peindre, qu'un Apelles. Quel était le résultat ? Nous ne savons. Où trouver, de Napoléon, une image qui nous satisfasse ? Je n'en connais que deux : le

Bonaparte d'Arcole, par le baron Gros, et l'Empereur debout
après une nuit de travail, gravé par Laugier, d'après David,
effigie que Stendhal déclare mauvaise. Que les Stendhaliens
me pardonnent si j'en dis autant de ce jugement. Puissant
réaliste, Napoléon est aussi le grand lyrique de l'action. Par
là, il n'est guère, à mon avis, pour le mesurer à sa taille,
que les poètes et le peuple, ce visionnaire. Qu'un Barbier
l'ait « chargé de sa haine », qu'un Lanfrey, un Iung et qui
encore...? l'aient vilipendé, leurs diatribes sont allées aux
vieilles lunes. « Ils ne mordront pas sur le granit » disait
d'avance le grand homme.

Exemple sur exemple, vous m'excuserez : ils confirment
notre principe. « Le portrait à l'huile... » je m'arrête : scie
d'atelier, avec une variante. Le procédé importe peu : l'exé-
cution est tout : difficulté qui s'accroît, quand le modèle est
de cette humanité supérieure : il a ses racines au sol, mais
nous dépasse de cent coudées. Ces génies souverains, poli-
tiques et guerriers ont trop agi pour que l'on puisse embrasser tous les faits, en suivre l'évolution, tout ramener à
l'unité. Ils ont bousculé trop de préjugés, excité trop de passions, traversé trop d'intérêts pour ne pas soulever d'éter-
nelles disputes. Ils ont été trop grands et souvent trop petits
pour que les presbytes ou les myopes d'esprit les puissent
embrasser du regard. Personnages de théâtre enfin, ils appa-
raissent avec la figure de leur rôle. « Plutarque n'a pas
menti » qui les voulut peindre sans ce masque. Il n'eut pas
toujours affaire à un Alexandre, trop loué peut-être, à un
César, encore si mal jugé, et ce fut heureux pour lui. Honneur à lui, quoi qu'il en soit : mais les Plutarques sont
rares. Un Plutarque, et je le nomme, notre Joinville. Il ne
se proposa qu'un portrait, celui de saint Louis, son roi bien
aimé, et nous donne le sien, de surcroît, bonne aubaine.
Deux portraits qui se font valoir l'un par l'autre, deux
aspects opposés de l'humaine nature. L'enthousiasme mys-
tique, tout amour et toute vaillance, qui sait le prix des
affections terrestres et les sacrifie sans regret à sa foi : l'ardeur de conquérir les âmes, la guerre faite sans haine et
dans ce seul espoir ; l'oubli complet de soi, la justice tou-

jours tempérée de douceur, le bon sens allié à beaucoup de
finesse, la franchise avec des saillies d'esprit, c'est le roi de
France, dont les vertus s'imposent à la vénération des Infidèles. Les pas des conquérants sont bientôt effacés aux sables
du désert ; mais les vrais héros sont en Orient les soleils des
esprits : le roi des croisades, et Bounaberdi, le général
invincible, assureront aux Francs un prestige immortel.

De la piété, mais sans flamme, du courage, mais sans
élan, avec les frissons de la chair et par un effort de volonté,
un sentiment réfléchi de l'honneur ; nul désir de s'immoler
à un idéal, nulle hâte de connaître les joies d'une autre vie ;
l'amour du chez soi, de la famille, un étonnement candide
devant un saint héroïsme dont on ne trouve pas le germe
en soi, un esprit très positif, une malice champenoise, c'est
le bon sénéchal. Lorsque, dans l'extrême vieillesse, il dicta
ses Mémoires pour la bru de Philippe le Bel, le temps des
croisades n'était plus ; le roi de France bravait le pape, le
faisait insulter par un Italien à sa solde. Joinville, avec l'esprit du siècle, avait le culte du souvenir et ce saint Louis que
sa jeunesse avait eu peine à comprendre, maintenant, plein
d'une admiration attendrie, il le voyait dans le pur rayon-
nement de sa gloire.

Un Plutarque, c'est le Loyal Serviteur du Chevalier sans
peur et sans reproche. De ce biographe, nous ne saurions
rien, s'il n'avait tenu qu'à lui. Da mihi nesciri, ce mot de
l'auteur de l'Imitation aurait pu être le sien ; mais quelle
image plus vivante aurait-on pu donner de Bayard et quel
roman de cape et d'épée vaut ce récit véridique des aventures les plus extraordinaires, cette narration simplette et
savoureuse, si digne d'un héros qui fut aussi sans pose, honneur de notre France ?

***

Que le portrait, plastique ou littéraire, soit un art noble
entre tous, la grande poésie gardant la prééminence, sans
beaucoup craindre le démenti, nous l'affirmons. — Que les
plus beaux modèles soient à décourager l'effort des

plus habiles, tout en louant les audaces généreuses, nous le croyons. — Que les biographes excellents soient vite comptés, alors que s'offrent à nous tant d'historiens remarquables et des légions toujours accrues de romanciers de talent, nous le voyons. Non que je veuille déprécier ceux-ci ou ceux-là. Les historiens, je les estime d'autant plus qu'ils le sont moins pour la sûreté de l'information, la véracité du témoignage, un Tacite, « le plus grand peintre de l'antiquité » : Racine le dit et je puis m'abriter sous ce grand nom ; — un Saint-Simon, trop grand seigneur pour s'abaisser à l'histoire, besogne de cuistres, trop passionné pour être vrai, mais peintre de haut vol, au regard d'aigle, biographe en quelques traits de plume. Oyez ceci : « C'était un homme de moyenne taille, gros, entassé, le visage rouge et démêlé, un nez fort aquilin, de beaux yeux avec un air de candeur, de bénignité, de vertu qui captivoit en le voyant, et qui touchoit bien davantage en le connoissant » (1). Vous avez reconnu un des vôtres, un cardinal, Coislin, de pied en cap, le dehors et le dedans : image inoubliable. — Quant aux romanciers, ils sont trop ; peu qui survivent, des portraitistes toujours ; le reste, mode qui passe.

J'en étais là, quand a paru, dans les Cahiers verts, un livre que je n'hésite pas à inscrire dans ma trop courte liste de monographies parfaites, autant qu'il se peut, d'un auteur dans la plénitude de sa force et de son talent, le Vauban de Daniel Halévy. C'est un Plutarque de notre XXe siècle qui a passé à l'école de Montesquieu, un Plutarque formé par les plus rigoureuses et les plus récentes disciplines. Il sait tout, dit tout sans lambiner, sévèrement classique, achevé dans son art comme Vauban dans le sien.

Si je vous ai promenés parmi les livres et les tableaux, sans vous apprendre rien, mais en réveillant en vous d'agréables souvenirs, faut-il en rester là ? Ma tâche serait terminée, ne sollicitant point l'impression : souci de moins pour notre trésorier, mais la question serait pendante.

Tout modèle est bon. Les héros, au regard des anciens,

(1) Saint-Simon, II, 354 (id. Boislisle).

étaient des demi-dieux. L'humanité, c'est nous, la pauvre humanité, si misérable avec ses rêves infinis, son ambition démesurée, ses chutes, l'humanité que chacun porte en soi, peut étudier sans arriver à se connaître. S'appliquer à cette étude, selon l'inscription du temple de Delphes et le précepte de Socrate, on le doit ; mais de les raconter, c'est autre chose.

La biographie complète et d'une vérité absolue, ce serait, avec les suggestions de l'inconscient, la parole intérieure, qui ne s'arrête point, même durant le sommeil profond, car comment se ressouderait la chaîne des idées ? La parole intérieure ! comédie ou tragédie, drame à coup sûr, aux péripéties sans nombre et toujours imprévues. Que d'appétits et de désirs ! que de sentiments tendres, mais inavoués ; que de passions violentes, quelles tempêtes dans ce tréfonds de l'être ! Tôt ou tard, qu'on l'attende ou non, le fatal dénouement : « Tirez le rideau, la farce est jouée. » Et Yorick : « Hélas ! pauvre Yorick ! je l'ai connu, Horatio. » Ce drame, nul ne l'écrira.

Mais l'homme est un être social. Il parle, parle et souvent sans penser. Si le langage intérieur peut sommeiller parfois, c'est durant ce babil. Qu'un homme, non pas de ces vains péroreurs, parle sur le papier, sans prétentions d'auteur, il se racontera d'autant mieux qu'il y songea moins. Auteur, cet homme l'a été, mais son œuvre tomba vite dans le décri. Il fit des tragédies qui ennuyèrent le public ; il s'ennuya lui-même : grande disgrâce. Ses vers coulèrent, abondants, faciles, admirés des beaux esprits et des grandes dames, illisibles aujourd'hui. Sa correspondance, restée inédite, est souvent traînassière, terre à terre, pot-au-feu, officinale, pharmaceutique, puis sérieuse, mais avec des redites, affectueuse ou bougonne, précieuse par là même, car elle est naturelle : on y trouve un homme très supérieur à son œuvre et digne de sympathie, et si l'auteur n'a pas rempli tout son mérite, ses lettres nous disent pourquoi. Elles nous renseignent sur une époque, sur une société que l'on ne se lasse pas d'étudier, car elle fut charmante. Cet homme est de notre province, presque de notre ville ;

il y garda des attaches. On croit l'avoir connu, à pénétrer ainsi dans son intimité. Vous avez pu voir parmi vous d'honorables personnes de son parentage. Cet homme, un « illustre » d'autrefois, j'ai pu moi-même l'étudier, trop peu de temps à mon gré, en des jours malheureux, dans sa correspondance, trouver là un réconfort. Ne lui dois-je pas un témoignage de gratitude en vous demandant pour lui une place dans vos Mémoires, si mon zèle ne dépasse pas mes forces. Cet homme, c'est Colardeau.

I

LES LETTRES DE COLARDEAU :

AUTOGRAPHES ET COPIES

C'était pendant la guerre, durant les printemps, les étés anxieux. Je travaillais à l'Arsenal, le matin sur un dossier d'acquisition récente et qui devait figurer dans le second supplément au catalogue général des manuscrits rédigé par M. Deslandres. Un de mes fils (il n'est plus) avait dressé la table des matières et m'en communiqua les bonnes feuilles avant la publication, me révélant de la sorte un riche filon de l'histoire orléanaise.

Ce dossier est réparti en deux portefeuilles sous les nᵒˢ 7572 et 7573. Le premier contient 171 lettres autographes de Colardeau à son oncle maternel, l'abbé Regnard, curé de Saint-Salomon, à Pithiviers, la première sans date ; les autres, datées pour la plupart, vont du 13 mars 1755 au 17 février 1776.

Le second portefeuille comprend : 1° des lettres autographes de Colardeau à divers membres de sa famille ; 2° seize copies (treize seulement, d'après Deslandres) de lettres autographes du même dont les originaux existent ; 3° dix-neuf copies (Deslandres : dix-huit) dont les originaux manquent ; 4° des papiers relatifs à Colardeau, dont une notice inachevée sur Colardeau qu'une note attribue à l'abbé Regnard (3 p. in-4°) ; 5° des lettres de Jabineau, son cousin et son éditeur ; 6° des lettres d'un M. Regnard.

Ces papiers, comment sont-ils arrivés à l'Arsenal et quand ? Mes questions là-dessus restèrent sans réponse. Sans plus attendre je me mis à l'ouvrage : lecture, puis extraits abondants, puis copies complètes, aussi nombreuses que possible, car il faudrait bientôt rentrer à Orléans, travailler sur ces matériaux. Comment ? Je ne savais encore, mais cette navette d'une ville à l'autre ne pouvait durer et j'appréhendais qu'une demande en communication de ces papiers ne se heurtât au mur d'airain des règlements.

Ma besogne avançait, quoique loin du terme, rebutante par sa monotonie machinale, par le souci d'une minutieuse exactitude, par l'énervement du copiste, animée malgré tout par la joie de la trouvaille, la variété du texte. Seul, dans une salle claire, aux lambris anciens, je travaillais en paix. Paris, au dehors, faisait son bruit, que je n'entendais point. Un passé inédit se levait devant moi ; une *terra incognita*, selon l'expression des vieux atlas, m'apparaissait et j'en serais l'annonciateur. O déception ! Un des bibliothécaires m'avait devancé, qui n'était pas de chez nous. Qui l'eût dit qu'un Parisien... de Bordeaux se fût intéressé à un Orléanais si profondément oublié, quoique « immortel », qu'un professeur de Sorbonne, grand abatteur de fiches, le Nemrod de la bibliographie, déclarait ne pas le connaître ? — « Mais il fut académicien », lui avait dit l'un de nous. — N'importe : il ne comptait plus. Le pouvais-je savoir qu'un Conservateur de l'Arsenal, M. Paul Bonnefon, mort aujourd'hui, avait fondé, dirigé, rédigé presque seul, durant trois années, une Revue bien sage qui ne fit pas parler d'elle (1), au temps qu'on appela « fin de siècle ». Il y avait parlé, lui, de *mon* dossier Colardeau, cueillant la fleur du sujet : c'était son droit.

De Colardeau j'ignorais pour lors presque tout. Et mon mauvais destin s'était bien gardé de m'adresser à lui, lorsque je pratiquai des sondages. Il me renseigna plus tard et de parfaite bonne grâce, quand j'étais déjà tout chargé de copies. Que faire ? Je voulais tout laisser en plant. Qu'avais-je à démêler avec ce Colardeau ? L'estimable érudit avait prononcé son oraison funèbre : enterrement de première classe. Laissons les morts dormir en paix. Pas de cente-

---

(1). Bibl. de l'Ars. Journ. n̕1198 *Souvenirs et Mémoires*. Recueil mensuel de docum. autobiographiques, Paris, 6 vol. in-8 de juill. 1898 à juin 1901.

naire à l'horizon, heureusement. Plus d'exhumation, d'exhibition ! Du Colardeau qu'il ne soit plus question.

La réflexion vint, bonne conseillère. Ces papiers qui devraient être ici, ne pourrait-on les rendre à Orléans, au moins par leur contenu, en copie manuscrite ou dactylographiée ? — Mais je ne « tape » pas, j'ai tort. Il faut à présent « taper », comme il faut, à l'occasion, « voler » ; se garder pourtant des volereaux qui vous « tapent » et des voleurs de grande allure qui vous assomment, pour peu qu'on les dérange. O traîtrises de la langue nouvelle !

M. Bonnefon avait eu la primeur de ces documents, sans y prendre beaucoup d'intérêt. Comment s'en étonner ? — S'en affliger, pourquoi ? Il n'était pas au point de vue et l'on pouvait refaire le tableau avec une meilleure perspective. Il n'avait guère pris que les nouvelles à la main ; tout n'était pas dit ,la matière étant inépuisable ; tout pouvait être redit d'une autre manière. Du milieu familial, de la petite patrie, rien. Notre domaine, le voilà. Paris vu par un Orléanais, c'est de quoi nous intéresser. Ce petit Orléanais, homme de rien, devenu quelque chose, fêté, choyé, oublié tout aussi vite, le cas est curieux. Expliquons-le, si possible. Et je continuai ma copie, puis je fis à l'Arsenal des adieux, sans doute définitifs.

*
* *

De retour ici, je délaissai Colardeau. J'avais en tête Gaucourt, Antoine Petit, « le français tel qu'on le parle », l'Académie, l'argot et bien d'autres tracas. Et les infirmités sur moi s'appesantissaient. Mes copies cependant me disaient : « Que fais-tu? Ne sauras-tu point d'où les papiers sont arrivés à l'Arsenal ? » Je me mis en quête et mes recherches aboutirent à une probabilité qu'on peut tenir pour certitude.

J'avais déjà quelques indices : cette mention d'abord sur une copie de l'Arsenal (1). « L'original a été donné à

_____
(1) Lettres de Colardeau du 26 nov. 1768.

M. Laisné de Sainte-Marie, Président de la Cour Royale d'Orléans » (1). Au-dessous, ce billet autographe signé.

« Orléans, 6 février 1853.

« J'ai pu, enfin, profiter de quelques loisirs pour faire
« des recherches et trouver l'original que je dois à l'obli-
« geance de Monsieur Dufresne. Selon ses désirs, je lui
« transmets copie exacte ; de cette manière, la collection
« restera au grand complet. Je demande pardon à Monsieur
« Dufresne de la lenteur apportée à l'envoi, je lui renou-
« velle en outre l'expression de mes sentiments les plus
« distingués ». L. DE SAINTE-MARIE.

D'autres mentions plus brèves ailleurs :

Lettres du 25 juillet 1775 et du 5 mars 1776 : « Les ori-
ginaux de ces deux lettres ont été donnés à M. Auger pour
M. Campenon, de l'Académie ».
Lettre du 15 février 1773 : « Donnée à la Bibliothèque
de la ville d'Orléans ».
Lettre du 5 mars 1776 à M. de la Place de Montevray.
Lettre du 4 mai 1776 à M. le Maire de Janville.
Une lettre à... M..., qui avait offert en échange une lettre
de Voltaire à Thieriot.

Les lettres de Colardeau avaient donc appartenu à un
certain M. Dufresne que je ne connaissais ni d'Eve ni
d'Adam. Il était de l'Orléanais ; il avait fait des dons, avait
gardé par devers lui des copies et le tout était entré à
l'Arsenal ; mais quand ?
Le catalogue Pixérécourt (1840, autog. n° 232) fait repa-
raître la lettre du 5 mars 1776 donnée à M. Auger pour
M. Campenon († 1843), qui la vendit ou la donna.
Les annuaires orléanais m'avaient appris que deux
Dufresne, le père et le fils, avaient été, durant de longues

(1) Précisons : président de chambre à la Cour ; le président de la
Cour, c'est Monsieur le Premier.

années, avoués à Orléans, l'un au Tribunal, l'autre à la Cour. Ils habitaient rue de la Levrette, 14, prolongement de la rue de Gourville.

M. Mothu, de l'état civil, avec son obligeance extrême et l'impeccable fidélité de ses copies, voulut bien me procurer les actes de décès de ces deux Dufresne.

M. Soyer, renseigné sur tout et toujours prêt à éclairer nos ignorances, me communiqua un dossier des Archives départementales. Les Dufresne y étaient représentés et je pus de la sorte établir la filiation suivante, depuis les dernières années du xviiie siècle :

Pierre-Nicolas Dufresne, avoué à Pithiviers ; marié à Catherine Lefèvre, dont il eut :

Pierre-Gabriel-Salomon Dufresne, né à Pithiviers, le 16 mars 1786, avocat, puis avoué à Orléans, décédé à Orléans, le 26 décembre 1853, à l'âge de 67 ans ; avait épousé, en premières noces : Adelaïde-Sophie Verrière ; en deuxièmes, Sophie-Célie-Jullien Desbordes, dont il eut :

Charles-Léon Dufresne, né à Orléans en 1820, avoué audit lieu à la Cour, mort avoué honoraire près la Cour d'appel, le 28 avril 1900, rue Adolphe-Crespin, 14 (1), âgé de 80 ans, non marié.

Ce dernier des Dufresne était l'arrière-petit-cousin de Colardeau, dont il porte le prénom ; son père avait été, dit-on, le filleul de la dernière sœur du poète. Elle mourut chez lui le 17 juillet 1819 et, avec elle, finissait cette branche des Colardeau. Dufresne père, héritier des papiers de l'abbé Regnard, les transmit à son fils. A la mort de celui-ci, ils entrent à l'Arsenal ; vente ou legs, je ne sais et M. Bonnefon donne une analyse du dossier Colardeau au tome III de sa Revue.

Mon enquête était terminée à Paris. Mes recherches à Orléans furent plus courtes. Le *Bulletin d ela Société Archéologique* me fournit les renseignements suivants :

Tome I, 1853. Lettres inédites de Colardeau communi-

---

(1) C'est notre rue de la Levrette, un si joli nom !

quées par M. Vincent (1), p. 265. A Mlle Colardeau de Vilard (2), 15 février 1773. L'original est à la Bibilothèque municipale (M. 944, n° 50) ; copie à l'Arsenal.

P. 268. A M. Regnard, curé, 4 mai 1773. L'original à Janville (3) ; copie à l'Arsenal.

P. 270, 5 mars 1776. C'est la lettre du catalogue Pixerécourt. Incomplète dans le *Bulletin* ; copie complète à l'Arsenal.

Tome II, p. 285. M. Dupuis donne lecture d'une lettre inédite de Colardeau à sno oncle, M. Renard (*sic*). L'original est en ma possession. Copie à l'Arsenal.

PP. 287-289, testament du poète (lecture par le même).

Outre ces pièces, voir encore, t. I du *Bulletin*, p. 340, 22 avril 1853.

« M. de Buzonnière communique... plusieurs lettres inédites de Colardeau, faisant partie de sa collection d'autographes. La Société prie M. de Buzonnière de lui remettre des copies de ces lettres qu'elle renvoie à la Commission des publications ». Ces copies, les a-t-on ?

P. 350, 27 mai 1853 : « Au nom de la Commission des publications, M. Tranchau expose que les lettres de Colardeau présentées par M. de Buzonnière, dans la séance du 22 avril, offrent assez d'intérêt pour être publiées, mais qu'il conviendrait d'y joindre les lettres du même personnage dont la Société pourrait recevoir communication, notamment celles qui font partie des collections d'autographes de MM. Dupuis et Vincent et de faire du tout une seule publication. — La Société... décide que la Commission recueillera toutes les lettres inédites de Colardeau conservées dans les collections d'Orléans et que de ces lettres sera formé un recueil par ordre de date, qui sera publié en 1854.

(1) Vincent Melotté, propriétaire, rue du Colombier, 24.

(2) Vélard dans le Bullet., erreur de copie.

(3) M. Ed. Lefèvre la donne dans ses *Documents sur la commune et le canton de Janville.*

J'avoue que tout m'étonne... ou presque tout dans cette décision, dont d'autres Assemblées sont coutumières, mais les nôtres sont sages ; sages, nos prédécesseurs.. Et pourtant...? Connaissaient-ils bien l'âme des collectionneurs ? Ceux-ci sont-ils si prompts à ouvrir leurs portefeuilles ?. Et les réclamations ? Et les procès possibles ? Y a-t-on pris garde ? Un si gros travail à plusieurs, même académiciens. sait-on comme il marche ? A-t-on cru qu'il suffisait de dire : *Fiat lux ?* On leur donait un an pour achever l'ouvrage ! Soixante-dix écoulés, nous l'attendons encore. *O docta simplicitas !*

Remarquons, d'ailleurs, que l'on se tait des Dufresne, qu'ils ne furent point de nos deux Sociétés. Supposerons-nous quelque pique ? Abstenons-nous de décider.

Mentionnons, enfin, une lettre, la dernière de Colardeau. Il l'écrivait à son oncle cinq jours avant sa mort. J'en connais deux copies : une à l'Arsenal, l'autre à la Bibliothèque municipale, dans un manuscrit de Pataud. J'ai copié l'une et l'autre par inadvertance. Abondance de biens... Où est l'original ? Détruit peut-être.

*
* *

Originaux et copies (celles-ci très fidèles, j'ai pu m'en convaincre par un récolement partiel) j'aurais voulu vous les donner dans leur suite complète et chronologique, selon le vœu de la Société Archéologique, si le temps ne m'eût manqué et si nos crédits l'avaient permis. Cette publication eût-elle suffi ? De tels écrits appellent un commentaire dont ne se passent plus les œuvres des garnds maîtres. Leur seule beauté autrefois les recommandait. Il faut aujourd'hui qu'on nous la fasse mieux comprendre et les études, à leur sujet, se multiplient. Ici l'œuvre, comme l'auteur, ne vaut qu'au point de vue du type humain à une époque donnée. Qu'une théorie fameuse définisse les grands hommes par la race, le milieu, le moment, le génie ne se laisse point enfermer dans une formule ; il dépasse tout cela : produit d'une élaboration mystérieuse, s'il tient du passé, du présent ce qui le met en relation avec les vivants, il est, par sa nature même, un isolé sublime : tel Moïse ou Dante ; il pense, agit pour l'avenir, veut faire œuvre qui dure. Le présent souvent le méconnaît ; mais, comme Eschyle, il en appelle au temps. Rabelais ne fut d'abord qu'un bouffon ; il fit trop rire roi, princes, cardinaux pour qu'on lui mît la hart au col ; sérieux, on l'eût guindé sur le bûcher. — Moins menacé, Molière, pour beaucoup de ses contemporains, n'était qu'un amuseur royal, le fléau des petits maîtres, le « réformateur des grands canons ». — Stendhal, au début du xixᵉ siècle, disait : « Je ne serai compris qu'en 1880 ». Pronostic rigoureusement exact. Balzac est plus grand que jamais. Stendhal est au pinacle. Gardons-nous d'en médire.

Pour en revenir à la doctrine de Taine, elle s'applique mieux au talent, en donne la mesure. De physionomie plus ou moins originale, celui-ci s'accommode au présent, lui consacre ses travaux, attend de lui le succès, ne vise guère au delà.

Descendons d'un degré. Ce présent, l'individu, simple unité d'une foule, *unus inter pares*, le subit souvent sans réagir. Fait de nos oublis et de nos souvenirs, de nos craintes et de nos espérances, le présent n'est que le passé qui s'accroît, l'avenir qui se prépare : point géométrique et sans dimensions.

> Le moment où je parle est déjà loin de moi

Plus bref et plus rude, ce latin : *Hoc quod loquor inde est.* Tout homme est ce qu'il est, par hérédité d'abord, par l'éducation ensuite, par la volonté surtout. Il tient de ses ancêtres une complexion physique, des aptitudes intellectuelles, des dispositions morales. — Il reçoit du passé et de ses contemporains une éducation et Solon pouvait dire qu'il s'instruisait toujours en vieillissant. — Mais l'homme a le pouvoir de *réagir* par la volonté, c'est-à-dire, au sens étymologique, d'agir de nouveau, au lieu « d'être agi » : c'est par là seulement qu'il est une *personne*, soit qu'il triomphe de l'hérédité ou l'utilise, qu'il reçoive d'autrui l'éducation pour s'élever lui-même ou déchoir. Ce faisant, il est éducateur à son tour, dans le présent, par son activité, quelle qu'elle soit ; dans l'avenir, par l'exemple qu'il donne, par ce qu'il laissera de lui au commun patrimoine. Que dire donc de ceux qui pensent que le passé est mort et que tout date d'eux ? — de ceux-là encore qui s'écrient, — avec quelle désinvolture ! — : « Après nous le déluge » ?

II

GÉNÉALOGIES

Le dossier de nos Archives départementales se compose
d'une liasse volumineuse, sous chemise jaune, dont l'aspect
d'abord nous effraie, réservons-la, — puis de tableaux
généalogiques d'un intérêt tout orléanais. Un boîte les
enferme, de format in-4°, qui peut-être autrefois apporta,
ficelée, cachetée de cire rouge, dont quelques fragments
subsistent, macarons de Nancy ou de Saint-Jean-de-Luz,
madeleines de Commercy, que sais-je ? Une adresse en travers : « M. Regnard, à Pithiviers. » C'est notre curé sans
aucun doute. En hauteur, ces inscriptions : *Don Herluison*,
dernière provenance. Au-dessous, d'une écriture ancienne :
Généalogie de la famille Colardeau ; au-dessous encore : *Et
la Mienne*. C'est donc l'oncle qui a réuni ces titres dans
ce qui lui restait d'un cadeau gourmand et je le vois sourire de cette originale appropriation. Une plume attentive
et forte, la sienne ou tout autre, sous sa direction, a établi,
non pas un arbre sortant de terre, selon une métaphore
qui déconcerte, mais des cadres de descendance depuis un
chef connu, ce qui permet de remonter plus haut, le cas
échéant. Et l'on s'explique le dénombrement plus étendu
des Regnard (1) qui se déracinèrent peu. A part un d'entre
eux, Pierre Regnard, né en 1635, qui partit pour la Marti-
nique, s'y maria, en fut chassé par la guerre, ces Regnard
furent gens d'Orléans ou de l'Orléanais. Les Colardeau
essaimèrent en divers lieux, et la famille disparut plus
vite.

(1) « Il est constaté par les registres de Saint-Paterne... et autres
paroisses que l'on écrivoit Regnard ou Renard indifféremment »
C'est que la prononciation variait.

Les actes les plus nombreux des deux parentés se trouvant à Orléans, le curé a pu prendre les extraits sur place, en divers temps, non sans peine. De là des lacunes qu'il déplore, des erreurs possibles « A vériffier » indique-t-on en marge et la vérification n'est pas venue. De grandes difficultés de lecture : on les constate. « Les registres de Saint-Paterne sont très mal écrits. Il y a beaucoup d'actes en blanc. Enfin il n'y a pas de tables et les recherches sont très difficiles quand il faut compulser 6 à 700 actes par an. » Ces recherches, on les a faites ici, en personne ou par intermédiaire : mais pour les Colardeau il fallait aller à Chartres, à Brou, à Aubenton, dans l'Aisne. Et l'on se faisait vieux, on remettait à plus tard. Perdait-on la mémoire ? Il est surprenant que des quatre pupilles deux seulement soient à leur place dans l'ordre de filiation : les deux sœurs « vivantes en 1802 ». Les tableaux sont de ce temps-là ; car en 1804, l'aînée mourut. Les deux frères sont omis ou ajoutés après coup, sans qu'on leur fasse l'honneur d'un *quadro*, comme aux autres ; on intervertit même l'ordre de progéniture. Boissay vient en tête, le pauvre dernier. Tout cela sans doute eût été corrigé, le temps a manqué. Pour Colardeau on se proposa beaucoup mieux qu'une simple mention. C'était compter sans l'hôtesse camarde. Il fallait d'abord aller à Janville qui est tout proche, mais la route est longue par le coche et courts sont les loisirs. Vous le dirai-je, moi-même, avec confusion ? Comme le paysan de Limoux « qui n'avait pas vu Carcassonne » je n'ai pas vu Janville et j'en soupire, car j'aurais dû commencer par là pour m'entraîner en Colardeau et le mieux comprendre, selon Taine. J'ai vu, du moins, la Beauce, et de jour et de nuit, plus que je n'aurais voulu : ce sont là « désagréments » (en un mot) de la vie cahotée d'aujourd'hui. Arrêt de quelques heures à Voves, au retour de la Bretagne aimée : erreur d'aiguillage sur Orléans, à moi la faute et aux miens. A Voves, dans la magnificence d'un soir d'été : la Beauce, blanche et nue, sa chevelure d'or tombée sous les faucheuses, la Beauce endormie déjà parmi la pourpre du couchant et dont un léger souffle sem-

blait soulever le sein. « Beau ce », aurait dit Rabelais avec
raison, promenade délicieuse... mais quoi ! pas le plus petit
cabinet de verdure... pour le recueillement : grande gêne.
J'excuse l'ire salée d'une vieille guépine de nos faubourgs
maudissant ce plat pays: — Arrêt à Patay, en diverses sai-
sons, au retour de la chère Normandie ; « arrêt indéter-
miné » : on sait ce que cela veut dire en langue chemi-
note : une correspondance qui n'arrive pas, les employés
qui partent, journée faite, le chauffeur qui va se rafraî-
chir, la gare qui s'éteint, le voyageur qui se morfond ; les
étoiles qui clignotent, ironiques peut-être, éclairage insuffisant ; la pluie qui parfois crépite, le vent qui fait rage, à
vous rendre enragé si l'on n'était si las, aspirant au dodo.
On part enfin et l'on arrive chez soi à des heures indues. On
rêve télescopages...

> « un horrible mélange
> D'os et de chairs meurtris et traînés dans la fange »

en langue vulgaire : écrabouillement. Décidément la dili-
gence valait mieux que ce train-charrette, faisait tout son
possible pour mériter son nom ; mais lui, ce char du Progrès, que fait-il, le misérable ?

Et je n'ai pas vu, près de Voves, Prasville-le-Hareng, d'où
m'est venu, — par Dijon, — un précieux *ex-libris* et si
mélancolique ! le portrait gravé d'un recteur de Beauce
plus ami des livres que des soirs triomphants. *In solitudine
solamen*, dit la devise autour d'un médaillon qui contient
son image. Sur le socle, un pigeon, mangeur de grains, un
hibou, l'oiseau de Minerve et pourtant ici symbole de
l'ennui. Oh ! Monsieur le Curé s'ennuyer dans la compagnie des bouquins. Vous vous calomniâtes.

Je ne verrai point, même en patache, Saint-Péravy-la-
Colombe. Pas plus de colombe que de hareng ci-dessus.
Adam Harenc, prévôt de Janville, avait des biens à Pras-
ville (1). La volatile de Saint-Péravy était (M. Soyer l'a

(1) Ed. Lefèvre : *Documents sur le canton de Janville*, 2 vol. in-12,
Chartres, 1876. t. I, p. 139, *ad finem*.

démontré) (21) une *colonne* marquant la borne de deux
cités, les Carnutes et les Aureliens. Le Péravy, c'était *Saint*
Père au village (ad vicum) de la *colonne*. Lumineuse vérité,
tu vaux mieux que la légende. De ce « Saint Père à la
borne » m'arriva naguère (tout s'explique un *aureus* de
quelque césar. Il m'échappa, comme au poète la coccinelle
ou le baiser de Rose. J'en fus très marri,

> Car il était mes amours,
> Cet *aureus*, un prodige.
> Soit ! N'y pensons plus, me dis.je.
> « Depuis j'y pense toujurs ».

Je n'ai pas vu Janville, ou Yenville, selon l'orthographe
ancienne consacrée aussi par un *ex-libris* moins pathétique
et plus commun que le précédent, Janville, « patelin » de
mon imagination, mot si doux et si tendre de nos poilus,
Janville où les époumonnés n'ont pas de côtes à gravir,
Janville, bourg important d'après les statistiques, médiocre
attrait pour moi ; mais Yenville-au-sel a des archives et
l'on peut voyager à travers son passé sans sortir d'Orléans,
sous le meilleur des guides. Le canton de Janville a eu son
historien, de nos jours, plusieurs peut-être et l'on trouve
celui que j'ai déjà cité dans notre Bibliothèque municipale.
Nous voilà ramenés aux généalogies *pedetentim* comme il
convient au vieil âge.

*
* *

Généalogies, pourquoi pas ? Si l'on peut envier à la
noblesse un privilège, un seul qu'elle a le droit, le devoir
même de maintenir dans ses titres authentiques, portion
du patrimoine national, c'est l'avantage de connaître ses
aïeux, de les avoir présents à la pensée et au cœur, de remonter le cours des âges « jusqu'à la nuit des temps », expression héraldique, privilège bien rare, dont quelques familles

(1) Jacques Soyer : *Le « Columnae vicus »*. Orléans, 1918.

seulement, affirme le vicomte de Royer (1), peuvent se pré-
valoir. « Savez-vous que nous datons des croisades ? »,
disait l'un. — « Et nous, répliquait l'autre, nous ne datons
plus. » Riposte bien française. Or les humbles, les vilains
de jadis ne datent pas et cette nuit pour eux, c'est hier.
Ils ont leurs ancêtres et le droit de les revendiquer. Peut-on
les découvrir, reculer un peu les ténèbres ? On s'en préoc-
cupe ici même, à Epieds, à Chanteau. Tâche malaisée. Peu
de documents qui soient sûrs, encore moins de gens pour
les interpréter. Il faut, là aussi, démasquer l'imposture,
dissiper plus souvent l'illusion. Que nous contait-on ces
jours-ci ? Une famille paysanne tenait une ferme depuis
l'époque mérovingienne. Elle en avait les titres. Ces
parchemins n'étaient que baudruches emportées au vent
comme canards. Les bonnes gens sont bien vivants,
croissent et multiplient. Ne rions pas, une science nouvelle
apparaît, une microscopie si je puis dire, aussi audacieuse
en ses visées, avec des objets, des moyens différents, que la
préhistoire. Celle-ci, dans le recul immense des siècles,
fouille aux entrailles de la terre, au lit profond des eaux,
pour retrouver les plus lointaines traces de l'activité
humaine ; celle-là, dans un passé souvent très proche,
cherche parmi la poussière des vieux papiers, ou publics
ou privés, aux gisements les plus obscurs des greffes, des
études, des greniers, dans la pierre et le bois, sur une pote-
rie, sur le fût d'un fauteuil, les infiniment petits qui ont fait
l'histoire même, celle qui n'est point encore écrite. Ici et
là l'eau et le feu ont promené leurs ravages ; mais de ce
chaos, de ces cendres même sortent quelques-uns de ceux
qui furent effacés de la mémoire des hommes pour avoir
travaillé à faire vivre l'homme plutôt qu'à le détruire, à
embellir la vie au lieu d'en multiplier les horreurs. Pourquoi le soc et l'outil ne seraient-ils pas aussi nobles que
l'épée ? Pourquoi le laboureur et l'artisan ne seraient-ils
pas honorés à l'égal du guerrier et du magistrat et au-
dessus du courtisan que l'on paie d'une grasse sinécure ?

____

(1) *Revue des Revues*, 1898, n° 21.

Cybèle a-t-elle voulu que ceux de ses enfants qui tiraient
de son sein le pur froment n'eussent que du pain noir et
non pas même à suffisance ? La Bruyère s'en indignait et
La Fontaine et les frères Le Nain et bien d'autres qui
n'étaient pas des apôtres de l'état de nature, au contraire ;
car la civilisation est l'œuvre des petits, ils sont le nombre,
ils sentent le besoin et ils peinent. Or le travail est bienfaisant, la foi console. S'ils se voyaient ravir, éclose de leurs
mains, la richesse qui corrompt, ces humbles auraient pu
dire : *Sic vos, non vobis ;* mais ils avaient au cœur l'in-
domptable espérance, mère de la gaîté. De là les grands
efforts et les nobles ouvrages : de là les cathédrales, ces
maisons du peuple, ces arches de Noé, où les « tailleurs
d'images » avaient mis tout ce qui vivait, animaux, végé-
taux, tout ce qu'imaginait leur foi, le paradis terrestre et
le ciel et l'enfer. De là les Bibles et les livres d'heures, ces
jardins tout fleuris et pleins de chants d'oiseaux, enchantement des yeux. — Vint un siècle d'épouvante : on vit la
peste emporter en Europe 25 millions d'hommes, les
guerres se disputer le reste, les bûchers s'allumer, les
princes s'égorger ou tomber en démence ; papes et anti-
papes se lancer l'anathème et, parmi tant de ruines et de
sang, la Mort triomphante, unique souveraine. Et le
peuple, incomparable artiste, eut son théâtre, le cimetière,
sa tragédie, la *Danse macabre* qui, partie de chez nous,
eut bientôt fait le tour du monde (1). Il eut enfin sa fille
de dilection, pur miroir d'innocence ; ardent foyer de tendresse et de pitié, fleur de raison et d'esprit, Jeanne la
Pucelle, qui fut bien peuple, quoi qu'on ait pu dire de son
origine, Jeanne la libératrice de la patrie, la libératrice des
âmes, affolées de terreur.

(1) V. Louis Réau : *Matthias Grunewald,* p. 37.

*
**

Plus tard l'idéal change, mais la force créatrice est toujours en ce peuple, qui n'a pas désappris le travail et les traditions familiales. Ces familles, nous les voyons se maintenir par l'attachement à la profession, le souci de bien ouvrer. Le fils continue le sillon que le père commença, reçoit de ses mains défaillantes truelle ou rabot ; des bons exemples naît le point d'honneur, véritable noblesse. Probité, loyauté faisaient la chalandise. Nous avons inventé la réclame, dont je n'ai pas à dire ici les méfaits et la nécessité. J'y reviendrai peut-être un jour.

D'échelon en échelon beaucoup arrivaient à la bourgeoisie vivant noblement, quelques-uns aux plus hautes fonctions de l'Etat, aux grandes conceptions de l'esprit. Le père étalait des serges à Reims à l'enseigne du *Long-Vêtu*, le fils s'appellera Colbert. Cet autre est sorti de la maison des Singes, de la boutique d'un tapissier : ce sera Molière. — Simple hasard. — Non : lente croissance d'une race vigoureuse, puis afflux débordant de sucs nourriciers, épanouissement soudain, magnifique, qui souvent épuise l'arbre. Ainsi, dit-on, l'aloès

> Ayant vécu cent ans n'a fleuri qu'un seul jour.

D'autres lignées (triste retour des choses) avaient poussé vertes et drues, montaient peu à peu, mais la sève est empoisonnée, les maladies sont venues, des tares se transmettent, la plante humaine s'étiole. Condamnée à disparaître bientôt, la famille parfois en finissant s'affine ; mais les mieux doués pour l'intelligence portent en eux le mal atavique et l'on voit se flétrir l'espérance des plus beaux fruits. Colardeau reçut ce triste héritage. De là sa vie si courte et l'intérêt tragique qu'elle a pour nous. Infortune imméritée dont nous trouvons partout des exemples et qui révolte toujours davantage les cœurs affamés de justice.

Or la nature ignore la justice et, comme Saturne, elle dévore ses enfants : les chétifs de toute sorte, elle les élimine.

La société aussi, quoique moins brutale en apparence : c'est la loi de sélection ; l'intérêt public l'impose, mais l'intérêt particulier en devient féroce, artificieux et fourbe. Combat pour la vie, toutes armes bonnes. Place aux forts, aux audacieux, aux impudents ! Iniquité suprême, aggravation du mal. « Aimez-vous les uns les autres », cela seulement le guérirait. L'homme serait vainqueur de la fatalité des choses. Hélas ! il faudrait changer sa nature ! *Homo homini lupus.*

Mais qu'à ces coups du sort s'oppose l'invincible volonté du misérable, la douce résignation du souffrant, la fierté stoïque de l'esclave, un Epictète sera plus fort que le tyran, un Pascal plus grand que l'univers « qui s'arme pour l'écraser ». Ces exemples feront plus que les constitutions pour enseigner les peuples, les incliner vers le bien. Exemples trop rares, oui ; mais pour s'accommoder mieux à notre faiblesse, confondre notre pessimisme, que de preuves, parmi les petits, de cette force d'âme ! que de héros du bien restent ignorés à des regards qui craignent de descendre si bas ! — Or, dans les régions moyennes où nous marchons, gens de peu de foi, gens de peu d'envol, sur cette route pavée de nos bonnes intentions, où nous trébuchons si souvent, quelle humeur allègre à faire sa tâche, quel empressement à s'aider, à s'unir pour les grandes luttes, à oublier les querelles vaines, les cupidités ! quel élan, aux heures décisives, vers le sacrifice !

En avant ! Tant pis pour qui tombe !
La mort n'est rien, vive la tombe,
Quand le pays en sort vivant !
En avant !

*
* *

Où se place Colardeau et quelle leçon sa vie va-t-elle nous donner ? Il est de ce pays, de ce petit monde et par là deux fois nôtre. Il fut quelque chose de plus que Piron, puisqu'il fut académicien, et cela tout juste pour nous donner quelque fierté. Il est un de nous par la médiocrité des vertus, semble-t-il, par la médiocrité des talents, nous le voulons croire, pour nous excuser de l'avoir oublié. Nouvel étonnement : ce débile va se révéler à nous supérieur à sa destinée, supérieur à son œuvre, alors que celle de tant d'hommes illustres fut meilleure que leur vie et que leur moi perd beaucoup à être considéré de trop près.

*
* *

La famille maternelle de Colardeau a pour premier chef connu, au début du xviie siècle, un Nicolas Regnard, sur la paroisse de Saint-Marc. Un de ses enfants, autre Nicolas, né en 1621, paraît s'être établi meunier sur la paroisse de Saint-Paterne, s'y être marié avec la fille d'un meunier, y avoir fait souche et quelle souche ! des rejetons comme autour d'un prunier. « On n'a pu découvrir que huit enfants de ce mariage », dit piteusement le généalogiste, découragé par la cacographie du scribe paroissial. Consciencieux, notre chercheur l'était : le meunier, la meunière aussi, d'une autre façon. Et tout ce petit monde savait signer à la noce de l'un des renardeaux, un Nicolas 3e, avec une Jaquette Guillon, tous, hormis certaine Marguerite dont la postérité est inconnue et qui paraît n'être morte que le 1er mai 1722, à 67 ans. Et le copiste d'écrire en marge : « A veriffier ». L'honnête homme n'admet pas que cette Marguerite se soit effeuillée sans hymen et n'ait pas su lire. Il corrobore ainsi d'autres renseignements, dont j'ai fait usage ailleurs, sur la diffusion de l'instruction primaire à Orléans, au xviiie siècle. La dépopulation est d'aujourd'hui, hélas ! mais l'enseignement du peuple ne date pas d'hier. Nous n'avons pas tout inventé.

Le huitième enfant de Nicolas II, un Pierre, épousa, en 1661, une Françoise Perdoux, nom très honoré plus tard dans la librairie orléanaise. De ce mariage devait naître Louis Regnard, le grand-père maternel du poète. Jeanne Regnard, sa fille, fut la seconde femme de Charles Colardeau, la sœur de Louis Regnard, ce prêtre de grand cœur qui recueillit neveux et nièces à la mort de leur père, père lui-même de ces orphelins, père aussi d'une plus grande famille, bon pasteur d'un troupeau nombreux, objet de tous ses soins.

Né en 1715, il fut nommé curé de Saint-Salomon à Pithiviers et installé en mai 1746, — il remplaçait Pierre-Jean Lefranc qui mourut l'année suivante. Nous trouverons partout l'abbé Regnard dans cette étude et s'il se montre à nous avec des faiblesses et des rudesses, insuffisante maîtrise de soi, une certaine âpreté dans les convictions et des tolérances extrêmes dans son autorité, notre sympathie n'en ira que mieux à ce héros du bien, homme comme nous par ses imperfections, par les contradictions qui nous sont naturelles.

Je passe aux Colardeau et serai bref. Cet arbre plonge peu avant ses racines et sa vigueur est moindre. Famille plus bourgeoise d'abord, moint attachée au sol par les fonctions qu'elle occupe, de fortune très diverse. Des Colardeau à Aubenton (Aisne), à Chartres, à Brou, à Janville, à Pithiviers, à Orléans et autres lieux. Tel est avocat, tel autre procureur fiscal, ou receveur d'un grenier à sel ; des avoués durant plusieurs générations, un sculpteur qui fera le buste du poète, un académicien, puis beaucoup d'enfants et beaucoup de célibataires, des infirmes, des indigents et le copiste se lasse à les dénombrer : un Jean-Louis, quatre enfants à Aubenton ; un Etienne, indigent, trois enfants, deux infirmes ; une Marguerite, trois enfants, indigente. Il s'arrête, laissant des vides, à bout de courage devant tant de misères. Il eut tort peut-être : soyons-lui indulgents.

III

L'ÉCOLIER DE MEUNG

Reprenons la liasse jaune des Archives du Loiret. Sur un morceau de feuillet, cette mention : « Papiers utiles ». Oui certes, et précieux ; documents sûrs et importants. Un peu perdus dans la forêt généalogique, voici les derniers rejetons, ceux-là surtout dont nous avons affaire. La campagne s'ouvre à nous : c'est la biographie.

« 7 novembre 1730. Extrait des Registres des Baptemes, « Mariage et Sepulture de la Paroisse de Saint-Paterne de « la ville d'Orléans (1).

« L'an mil sept cent trente ce mardy septieme de « novembre les fiançailles celebrées du jour d'hier, la dis- « pense du premier et du second ban du jour d'hier, les « bans publiés une fois es paroisses des parties sans qu'on « aye decouvert d'empeschement ni formé d'opposition, « jay soussigné Docteur de Sorbonne curé de cette église « reçu le consentement mutuel de Maître Charles Colar- « deau Receveur au grenier a sel de Janville veuf de Dame « Marie Chevallier seigneur de Boissay paroisse de Janville « et de Damoiselle Jeanne Regnard fille mineure d'hono- « rable homme Louis Regnard Marchand Bourgeois et de « Dame Jeanne Vincent de cette paroisse. Leur ay donné « la Benediction nuptialle et conjoint canoniquement en « Legitime Mariage par parolles de present en presence des « pere et mere à elle, de Mrs Birre Guerin et Hussart parents « à elle et autres parents et amis, ainsi signé Colardeau, « jeanne Regnard Regnard Vincent, Vincent f de Regnard, « Nicolas-Regnard Marie Louise Colardeau veuve Lainé hus-

(1) J'ajoute quelques virgules, pour plus de clarté. J'écris Boissay, au lieu de Bossay, qui me semble fautif.

« sart guerin f. Regnard A Regnard Raymond Birre, fran-
« çoise hussart, Marie hussart Marie hussart Dudin fran-
« çoise Guerin Antoine hussart. Desverneyt curé ».

Quelques remarques seulement sur ce texte. Mariage très
bourgeois. Dispense de deux bans. Fiançailles la veille,
contrairement à l'usage d'aujourd'hui. Le marié qualifié
de « maître », mieux encore « seigneur de Boissay »; La
mariée, fille d'un « honorable homme, marchand bourgeois ». Marchand de quoi ? Kyrielle de parents et d'amis.
Que n'avons-nous, en plus, la note des frais ? Monsieur le
Curé, Docteur de Sorbonne, s'il vous plaît, a dû être content ; les fureteurs de paperasse ne le sont jamais, gens
mal lunés.

Une autre pièce, et plus essentielle et plus savoureuse,
c'est un feuillet écrit au recto et au verso, très lisible En
haut, angle de gauche ceci : « Mon mariage avec d^{lle} Jeanne
Regnard célébré a l'église de Saint-Paterne d'Orléans le
7 novembre 1730 ». Au milieu, le timbre de la paroisse.
Suivent les extraits baptismaux des quatre enfants. Nous
y lisons que Louise Charlotte naquit le 13e jour de septembre 1731 à Yenville a environ une heure et demie après
minuit, fut baptisée le dimanche 16. — Le second des
enfants est Charles, qui sera poète. Il fit son entrée dans
le monde au son des cloches, ce qui semblait promettre...
mais puisque j'ai déjà fait parler des *ex-libris*, souffrez que
j'en rappelle un troisième, celui de Poulet-Malassis, un
Percheron : image très simple : un livre ouvert, et cette
devise autour : « Je l'ai ». C'est le cri du collectionneur,
l'*eureka* du chercheur. Je l'ai cet acte de naissance que
Jal déclare n'avoir pu découvrir. « Trop pressé vous fûtes
et vous n'êtes plus, Monsieur Jal » *Quaere et invenies*. Cet
acte, on le trouve à Janville, d'original (2) ; en extrait, aux
Archives. Comment se refuser le plaisir de vous le lire ?
« Du dimanche 12 octobre 1732 est né Charles-Pierre Colar-

(1) JAL., *Dictionn. critiq.*, p.
(2) Ed. LEFÈVRE. *Documents sur la commune et le canton de Janville*, I. p. 281.

« deau dudit mariage à environ onze heures et demy du
« matin pendant la grande messe audit lieu d'Yenville a
« environ la consecration, qui a été baptisé audit lieu
« d'Yenville ou il est né. Son Parain est Monsieur Pierre
« Jabineau l'ainé, procureur à Etampes, son oncle mater-
« nel à cause de feuë Madame son épouse. Sa marainne
« dame Jeanne Vincent femme de mondit sieur Regnard
« son ayeule maternelle. Le bapteme administré le mardi
« 14ᵉ du mois d'octobre 1732, a environ six heures du
« soir. »

Finissons : Marie-Anne est de 1734 ; Louis-François, de
1736 ; parrain, Louis Regnard, clerc tonsuré, son oncle,
demeurant à Orléans.

Né en 1678, le Receveur était alors plus que quinquagé-
naire, avec des infirmités, on le peut croire. Il mourut en
1745, à 67 ans. La mère était morte auparavant. Le tonsuré
de tout à l'heure, curé de Pithiviers, en vertu du testament
paternel, au nom du conseil de famille, fut chargé de la
tutelle.

Ce n'était pas une bague au doigt ; carcan plutôt, chaîne
d'affection de ces pauvres enfants serrés autour de lui : deux
filles, de 14 et 11 ans ; deux garçons, de 13 et de 9. On
l'aime, cet oncle, mais sa robe noire intimide. Pasteur par
vocation, il faut qu'il soit père : grands devoirs acceptés
d'un cœur ferme. Les filles seront mises en pension, à
Orléans, sans doute, y resteront cinq ou six années ; cela
coûtera : pour la première, 4.419 livres ; pour la seconde
un peu plus, soit 4.958 livres ; l'âge de l'aînée dut abréger
les études ; la cadette, plus jeune de trois ans, resta un peu
plus longtemps loin de la maison.

Plus relevée, plus longue aussi, l'éducation de Charles
demandera 8.263 livres 6 sols et 6 deniers. Que dites-vous
de ces précisions ? Je n'y suis pour rien, copiste seulement.
Aux filles j'ai supprimé sols et deniers (1).

____

(1) Pour ces chiffres voir le compte de tutelle (Archiv. départ. du
Loiret).

Des études du dernier on ne parle pas. Il était « presque idiot » dit une note (1).

La fortune des parents se montant à 44.367 livres, 7 sols. 8 deniers, l'école, on le voit, en prit bonne part. Ce prêtre n'était pas... ma plume ici se cabre devant un barbarisme hideux ; on le tire d' « obscur » et le dictionnaire met une croix, que fait-elle ici ? non, ce prêtre n'était pas ami de l'ignorance.

Charles, le premier garçon a reçu le prénom du père et prendra le nom de famille, ainsi que le titre d'aîné. Louise-Charlotte qui le précède d'un an s'appellera « de Vilard » terre noble de l'héritage commun, comme le dernier fils, Boissay, pour la même raison ; Marie-Anne est la cadette sans autre désignation.

Louise est tout esprit, de tempérament âcre, avec une affection cutanée que l'on traite par les eaux de Segray, toutes voisines et réputées depuis 350 ans. Fille énergique, au paraphe accusé, malicieuse, mais dévouée, elle tient de son oncle et vivra près de lui, mourra bien après lui, sans avoir quitté Pithiviers, à 73 ans.

Marie-Anne est de ces valétudinaires qui enterrent tout leur monde. Toujours dans les drogues et dans les dévotions, elle impatiente le curé, le quitte, fugue d'un moment, amour soudain du cloître, lui revient et toujours dans l'ombre de sa sœur, la voit mourir comme elle a vu mourir l'oncle, et gémissante, effacée, ratatinée de plus en plus, trouve un dernier ou l'avant-dernier domicile à Orléans, chez un Dufresne, un petit cousin, son filleul, dit-on, et à 85 ans rend l'âme.

Boissay, le tard-venu, le mal-venu, sera moine, non sans peine, car on ne veut pas de ce *minus habens* qui ne sait rien, n'est bien nulle part et ne laissera de lui nulle trace (1).

(1) Ars. mss.

(1) Une lettre à l'Arsenal : un feuillet de titre d'un livre, avec un *ex libris* mss aux Archives : belle écriture. Est-ce la sienne ?

*
* *

Voilà les sœurs au presbytère. De leur instruction rien à
dire. Ce qu'elles savent le mieux, après le catéchisme, ou
sauront bientôt, c'est le ménage. Ménage de curé, songez-y
bien. De la cave au grenier, en passant par l'autel et la
sacristie, ce n'est pas petite affaire. Que de soins divers et
minutieux ! Quelle propreté requise par les us et les rites !
Que de recettes gourmandes pour les péchés véniels qui
s'accordent si bien avec les hautes vertus ! Une vieille servante bougonne n'y peut suffire et l'on ne trouve guère que
chez Huysmans, m'est avis, un cordon bleu de l'étoffe de
Mme Bavoil. Deux nièces, au contraire, deux fillettes d'abord,
gentilles images de piété, puis grandies en sagesse, plus que
florissantes d'attraits, — car leur physique désarmerait
toute médisance, si le pasteur y pouvait donner lieu, — des
nièces ayant bientôt, à elles deux, l'âge canonique d'une gouvernante de presbytère, quel trésor dans cette maison ! Elles
ont des sabots, portent bonnet, mangent peu, avalent force
tisanes, travaillent dur. Le second fils, « inutile fardeau de
la terre » (1) tient peu de place, donnerait peu de souci,
n'était qu'il veut être moine et le dit un peu haut, comme
filles criant d'une voix de fausset : (*Mariez-nous* (*bis*). Moine !
cela ferait de lui un personnage. — Mais où donc ? Peu
d'empressement à l'accueillir. Chantait-il au lutrin ? Don-
nait-il aux cloches la volée, comme Quasimodo ? Il a dû
servir la messe, édifier son tuteur, l'ennuyer de son insigni-
fiance.

Restait l'aîné, seul espoir de la race, l'orgueil du saint
homme de prêtre, dont les scrupules s'alarmèrent peut-être
d'une ambition peu chrétienne, mais si paternelle, placée
sur cette jeune tête. Maigrelet, souffreteux, l'humeur gaie,
l'esprit en éveil et le cœur si tendre ! que de joies, d'afflic-
tions lui devait donner plus tard ce petiot ! Il le munit
d'abord des premiers rudiments, puis le confia, pour ses

____

(1) *Iliade*, XVIII, 104.

humanités aux jésuites d'Orléans. De cela je ne trouve, à la vérité, nulle trace dans la correspondance, non plus qu'aux Archives, mais la notice non signée (1) le dit, témoignage suffisant. Les jésuites furent vite oubliés ici, les jansénistes étant nombreux. Colardeau se tait à leur sujet. Fut-il peu docile, châtié pour quelque peccadille ? On ne sait. Il ne les aima point, c'est probable. Sa volonté se serait ainsi affirmée plus forte que sa complexion. L'oncle en aura la preuve, à son dam, plus d'une fois, réduit à plier douloureusement devant elle. Dut-il déjà céder à une résolution d'enfant ? Toujours est-il que Charles fut envoyé à Meung pour achever ses humanités. « Le petit écolier de Meung », c'est le titre qu'il revendique, non sans fierté, dans une de ses dernières lettres.

*
* *

Ce que furent ces « humanités », aujourd'hui troisième, seconde, première, le sait-on encore ? Il semble qu'on ait honte de ces termes si beaux par la plénitude du sens, si français par l'expression du vrai ; on ne les comprend plus, on les estropie, on en fait des péjoratifs, presque des injures, témoin cette rhétorique, avec un *h* flottant comme un rein malade, réthorique ! et ces « fleurs de rhétorique » que la malice souvent nous attribue trop libéralement, que l'amitié parfois nous offre. De celle-ci on les reçoit et de bon cœur, comme elles sont données, et puis l'on dit avec franchise : Ni fleurs ni couronnes, la vérité seulement ; mais cette vérité n'est pas géométrique ; tout en nuances elle a besoin des images qui ne sauraient être pour elle, que les formes visibles du raisonnement ; le reste est superfluité, mauvaise herbe. Extirpons-la ; j'y tâche. — Ce que furent, pour l'adolescent bien doué, ces humanités qui visaient à vous faire plus homme, on le peut savoir d'après les résultats. Il y avait dans de petites ruches provinciales, qu'elles fussent de l'Etat, des cités ou de l'Eglise, un ardent labeur,

(1) A l'Arsenal.

Le miel avait été butiné sur l'Hymette, le meilleur, plus souvent aux collines du Latium. Tel, naguère, le collège de Tréguier, qui éleva Renan, celui de Lesneven où professa Sarcey. Des maîtres pleins de flamme, heureux de leur obscurité se donnaient entièrement à leurs élèves et leur faisaient aimer cette antiquité, pour eux-mêmes si vivante ; cette antiquité qui apprit aux hommes la liberté, le droit. Pourquoi la renier ? — Quant aux jésuites, plus occupés du monde et mêlés au tumulte des villes, ils firent du théâtre un de leurs moyens d'action.

Ils écrivaient des pièces jouées par leurs élèves devant un public trié sur le volet : représentations très courues. Homme de théâtre,— auteur et acteur,— Colardeau, comme Voltaire, le devint peut-être pour avoir figuré chez eux dans ces spectacles. Apprentissage d'occasion, très insuffisant bagage pour la vie.

Meung dut être d'un profit plus durable. Je croirais volontiers qu'il apprit l'art des vers ou s'y perfectionna sous les ombrages de ce collège des champs, au val de Loire, comme Racine à Port-Royal, à l'insu des maîtres sans doute : autre ressemblance avec l'auteur de Phèdre. Les modestes régents magdunois n'avaient pas l'envergure d'un Arnauld, d'un Nicole, d'un Lemaistre de Sacy. Un Racine, d'autre part, ne se voit pas deux fois, comète qui passe au ciel poétique et disparaît, laissant parmi les hommes un éblouissement. Et cependant il y a, entre certaines destinées, de singulières analogies et comme des efforts répétés de la nature pour reproduire un type de beauté souveraine ; avortement toujours, parce que les circonstances ne sont jamais les mêmes qui ont fait éclore le génie. Triste impuissance, mais digne de considération : le produit inachevé, ainsi rapproché du modèle, en fait valoir la perfection. Comme Racine, Colardeau est fils d'un receveur de grenier à sel ; orphelin, comme lui, élevé à l'ombre du temple, puis par des hommes austères ou hommes d'Eglise ; poète en dépit de tous ; poussé vers le théâtre, épris de quelque Champmeslé d'occasion, renonçant à la scène, après maints dégoûts, après les amertumes de l'amour, Colardeau jusque-là semble marcher dans les pas de Racine, être son ombre ou son double. Et je ne parle point de certains rapports d'humeur, de sensibilité qui les apparient encore mieux l'un à l'autre. Tout cela pourtant ne fait pas un nouveau Racine, vous voyez pourquoi. La plante humaine, les conditions de terroir, de climat, tout diffère, tout est défavorable à une floraison pareille. Né maladif, d'un sang vicié, au temps de Voltaire et de Dorat, dans le siècle le moins poétique qui fut jamais, instruit à l'école de Rome, puis à celle du beau monde, dans une atmosphère de boudoirs, frustré de la culture grecque, si forte autrefois à Port-Royal, qu'eût-été Racine, je vous le demande ? Un Colardeau ou quelqu'un de sa proche parenté dans l'ordre intellectuel, mettons les choses au mieux dans le domaine des possibles, un rival de Voltaire, à rendre Voltaire furieux de jalousie, un tragique plus égal et moins fécond, oublié comme notre poète, honoré, comme l'auteur d'*Irène*, de louanges banales dans les manuels scolaires, sans être lu davantage. Il eût fait des lettres, comme Colardeau, sans y tâcher, sans souci d'écrire pour des « Fines Herbes » ou pour quelqu'un qui les ennuierait par l'abondance de son commentaire. *Sat prata biberunt.*

IV

LA PROCURE

Charles a 17 ans. Sa prime jeunesse finit, une seconde
commence. Adieu les humanités et Meung ! Au revoir la
province aimée, le petit trou de Pithiviers, la chère famille,
à qui l'on enverra force nouvelles, pour recevoir force
bourrades, peu d'argent, des provisions de bouche, des
hardes plus ou moins portables. Le voilà dans la grande
ville, pour sa philosophie. Paris, nom magique, rêve ardent
de l'adolescence. C'est le monde qui va s'ouvrir à eux, c'est
l'amour, c'est la gloire. Non, pauvres oisillons, impatients
de la volée ; ce sera la cage au lieu du nid ; la niche sous
les toits ou dans une cour puante, au fond d'un puits ; la
pâture des gargotes, la fange de Lutèce, la fille au lieu de
l'amante et l'amour qui se traîne avec son bandeau sur
une plaie vers la salle d'hôpital. Illusions bientôt perdues !
Balzac en a dit d'autres et l'expérience de chacun pourrait
ajouter au tableau de plus sombres couleurs : on dirait
l'âpreté de la lutte pour une place au soleil, l'intrigue sous
toutes les formes, la morgue ou l'envie rampante, la sottise
épaisse, la longue attente aux officines littéraires, l'escalier
du puissant si dur à monter, l'œuvre chérie sur qui l'on
devra bâtir réputation, fortune et qui s'effondre dans l'indifférence publique... Si jeunesse savait ! Oui, il serait bon
qu'elle fût mieux instruite de certains risques à ne pas
courir ; mais puisse-t-elle garder « l'illusion féconde » et
ne pas nous dire un jour : « Pourquoi vous fallut-il tarir
mes espérances ? »

Colardeau n'en est pas là. S'il doit avoir trop large part
de ces misères, il ne s'agit présentement pour lui que de
philosopher sous un certain M. Rivard, professeur au collège de Beauvais, bien ou mal, nous ne savons, médiocre-

ment, je crois. Il était trop poète, au moins de vocation naturelle, pour être philosophe ; Voltaire, au rebours, trop philosophe pour être vraiment poète. Non que la grande poésie puisse déployer son vol sans toucher aux plus hauts principes de la science, aux mystères même de l'inconnaissable ; mais elle sent et devine plus qu'elle ne raisonne ; elle a des coups d'ailes, non la marche prudente du doute méthodique. Piètre d'ailleurs était alors la philosophie *ad usum juventutis*, piètre au xix° siècle jusqu'à la fin du consulat omnipotent de Victor Cousin : débris de la scolastique, cartésianisme édulcoré, péripatétisme et platonisme dosés au compte-gouttes, assemblage des contraires, étrange mixture sous le nom d'*éclectisme*. Comment donc s'étonner de ce qui suit ?

« L'étude sèche de la philosophie et des mathématiques, nous dit l'oncle, ne lui offrait que des dégoûts, dont il se dédommageoit en allant à la Comédie. » Ce n'était pas le compte du tuteur. Il voulait bien faire des sacrifices, mais utiles, respecter la liberté du jeune homme sur le choix d'un état, sauf à le guider dans son inexpérience et le pupille y consentit. Or l'homme d'Eglise était aussi un homme des champs et de sens pratique. Il savait, de longue expérience, que le paysan a le respect de la loi jusqu'à la vouloir toujours de son côté, la tournant, la déformant jusqu'à ce qu'elle lui donne raison, c'est l'esprit de chicane, qui n'est pas l'esprit d'équité. « Ce chien est à moi, disaient ces pauvres enfants » (1). — « Cette malle doit être à nous », disaient les *Saltimbanques* d'un vaudeville, en mettant la main sur un colis perdu. Les ruraux de même, trop souvent. De là le recours à l'homme du Code. Seul, bon gré, mal gré, il peut les conduire dans le maquis de la procédure. Aussi de quelle estime on l'honore et qui ne va pas toujours au plus honorable, mais au plus habile, voire au plus retors. Le magister est humble, on le connaît trop ; le curé prêche trop, on acceptera de lui une consultation plus qu'un sermon. Le vétérinaire coûte cher ; mais

(1) PASCAL, *Pensées*.

il soigne les bêtes et donne, de surcroît, un bon remède de cheval pour quelqu'un de la famille. L'homme de la procure (je parle d'autrefois, bien entendu) est un autre personnage : on va le voir à la ville, on fait en son étude le pied de grue, on le salue avec respect et l'on ne liarde point. Que la récolte soit bonne, le bas de laine s'allègera très allègrement pour le sac à procès.

Que le tuteur eût fondé sur le vice d'autrui un espoir peu chrétien, en essayant, par deux fois, d'engager ses pupilles dans une profession si avantageuse, ce serait le fait de l'humaine faiblesse ; mais il eut, je crois, d'autres pensées et pour le bien de tous, de ses neveux d'abord qu'il eût sentis plus près de son cœur, plus près de la terre maternelle, loin de la corruption des villes. Et ces manants, n'étaient-ils pas ses enfants aussi et qui méritaient qu'on remît leurs intérêts à des hommes honnêtes dont il pouvait répondre, qu'il aurait conseillés ? La profession ne vaut que par ceux qui l'exercent, l'entente des affaires est bonne en soi. Le paysan plaiderait moins, mais il faudrait toujours le défendre de la malice citadine ou lointaine.

Illusions encore ! car le métier ne plut pas. Boissay n'y voulut rien entendre. Charles s'y résigna pour rester à Paris, vivre en garçon avec un camarade, aller au théâtre, être libre enfin. La vache enragée, soit, mais être libre, quelle âme, de 16 à 20 ans, n'aspire à ce bonheur coriace, pimenté d'amertumes diverses ? La procure, passe, en attendant mieux, mais ne plus ouïr, quotidiennement, les remontrances avunculaires ! Les lettres en seront farcies, mais l'ennui sera moindre, la riposte vive. L'apprenti procureur se souvient d'avoir fréquenté Cicéron et saura plaider *pro domo sua.*

La première lettre que nous ayons de lui révèle déjà une plume alerte. Il écrit à son grand-père Regnard le 20 mars 1750 ; il a 18 ans : « Je suis très satisfait d'être à Paris. J'y jouis d'une santé constante et je crois que l'air et les occupations ne contribuent pas peu à la rendre meilleure ». Il promet d'aller voir un M. de Lailly qui fut des protecteurs de son père. Ce Regnard ou Regnard-Vincent, comme on l'appelle, du nom de sa femme, — usage assez répandu dans le Centre, non pas dans le Midi qui suit le droit romain et ne connaît que le mari — ce bon vieux grand-père réside tantôt à Pithiviers chez le Curé, son fils, tantôt chez d'autres de ses enfants, les Hussart, négociants à Baule-sur-Loire, près de Meung ; les Hussart de Paris ou de Saint-Denis qui sont aussi dans le commerce. Solide et guilleret, on l'accueille volontiers ; on le fête à qui mieux mieux, on lui écrit au nouvel an, car on l'aime ; il est bon de l'avoir pour allié et puis il a sans doute quelques biens.

Une lettre très courte, du 30 décembre 1752. Colardeau est à Pithiviers, en congé ; le bonhomme à Baule : souhaits collectifs des quatre petits-enfants : « Vos très humbles et très obéissants Serviteurs et Servantes » dit la formule finale. Colardeau l'aîné a tenu la plume et signe d'une écriture haute, impérieuse.

Autre lettre au même, à Baule, 27 septembre 1754. Colardeau est malade, les sœurs aussi « ...il semble que les infirmités sont annexées à mes sœurs et à moy et nous sommes une famille valétudinaire. Ma sœur Colardeau a maintenant un vomissement journalier ». On souhaite à l'aïeul « bien de l'amusement ce qui ne vous manque certainement pas chez mes cousins. Il paroît que je seray contraint de passer le temps des vendanges à Pithiviers. » Le faut-il plaindre pour cette contrainte ? Non, mais Paris, en octobre, a bien des attraits.

Lettre du 1er janvier 1755. Souhaits « je scay trop combien je vous dois, combien vous prenez soin de mon enfance pour ne point répondre à tous vos sentiments de pure et tendre affection par les sentiments d'un fils reconnoissant et respectueux ». Ce fils a 23 ans ! Il faudrait lire, je crois : « combien vous preniez soin... » Correction très simple d'un lapsus probable ou d'une erreur de lecture.

Le 18 juin, une longue, une intéressante lettre (trois pages) au « très cher père » qui l'a prévenu, donnant des nouvelles du pays, demandant du retour pour celles de Paris et l'on répond avec des excuses bien senties : « Votre lettre m'a mis au fait de l'affaire du curé de saint pierre en-

pont et j'y ai pris intérêt sur le détail que vous m'en avez
fait. les circonstances, qui lui étoient favorables, ne l'ont
point justiffié aux yeux du parlement, il a été, mardy dernier, decreté de prise de corps et on a passé outre les lenteurs
ordinaires des décrets préalables à celui-cy. il pourra être
la victime d'une faute (si c'en est une, je ne décide rien)
dont l'évêque est coupable » (1).

Que n'avons-nous la lettre du papa ! car la réponse est
obscure.

Colardeau sans doute nous renseignera. Saint et prédica-
teur, il doit être théologien. Or il y a du casuisme, du jansé-
nisme, bien du mystère là-dessous.

« la côte de Loire est bien malheureuse. la gélée et la
grêle ; c'en est trop, et sans doute qu'il ne reste plus d'espérance de recolte dans ce pays.

« je n'ay point encore osé me présenter chez M. De
lailly ». Après cinq ans ! est-ce possible ? On promet de s'y
rendre. « J'attends pour cela des circonstances favorables et
qui ne feront point paraître un homme tombé des nues.
j'expliquerai l'énigme dans son temps ». Énigme en effet,
qui n'a pas eu d'Œdipe.

Sur sa santé Colardeau n'est que trop clair ; mais, à mon
tour, je n'ose. — Osez, me diront nos docteurs. — Osons.
« ... j'ay bon visage, je dors, je bois, je mange bien... mais
j'ay toujours des vents considérables, un devoyement de
deux jours l'un. » Disposition fâcheuse pour un jeune
homme déjà répandu dans la bonne société « ... ma jambe
est saine », ajoute-t-il et cela le console.

La correspondance avec le papa va son petit train quelque

(1) Sauf dans quelques extraits faits à la hâte, je reproduis scru-
puleusement l'orthographe, d'abord assez fautive, puis de plus en
plus correcte ; la ponctuation va s'améliorant aussi. On ne s'éton
nera point des minuscules aux noms propres et au début de la
phrase : rien de plus fréquent alors dans l'écriture. L'édition originale du *Siècle de Louis XIV* n'a de majuscules qu'aux alinéas. On
notera par ailleurs des graphies de prononciation populaire : *Pelhi-
viers, Piviers,* d'où l'étymologie fantaisiste *picus viridis ;* — *Pluviers*
même, parce que le pluvier abonde : *stier* pour *setier,* qui est aussi
du parler parisien.

temps encore. Souhaits, le 26 décembre 1756 : « Santé, tranquillité d'esprit, bien être, plaisirs de la société et de longs jours, voilà, je crois, tout ce que l'homme peut désirer, lorsque un certain âge borne son ambition. Peste ! on se contenterait à moins ; ton trop doctoral.

Le 18 octobre 1757 : « ... je me crois enfin à la veille de prendre mon essor et ce sera, je crois, la semaine prochaine. on m'assure que ma guérison sera radicale et sans retour... je suis entre les mains d'un des plus habiles chirurgiens de Paris que des connoissances m'ont procuré... » Et l'on vit avec cette espérance, que les vieillards eux-mêmes gardent jusqu'au dernier jour. Tout n'est qu'illusion.

Quant au bonhomme, il dut s'en aller discrètement, comme il convient, car il n'est plus question de lui. A peine disparu, l'a-t-on oublié ? il m'en coûterait de le croire et pourtant j'ai regret à ce silence de Colardeau et l'on doute d'un sentiment qui toujours se tait, sans jamais se trahir, autant que de celui qui bruyamment s'épanche. Notre poète, de même que Racine, ne paraît pas avoir connu sa mère, grande infortune pour le cœur, dont certaines libres souvent se dessèchent. Qu'il leur ait manqué, à l'un et à l'autre, un peu de cette délicatesse, fleur suave des belles âmes, plaignons-les. Ravis trop tôt à la chaleur du sein maternel, ils furent déshérités de la plus pure affection qui soit sur terre.

J'ai voulu suivre l'aïeul jusqu'à sa dernière demeure, anticipant de quelques années sur des faits que je dois rapporter. Revenons aux autres membres de la famille.

*
* *

Avec ses sœurs, plus encore que pour l'aïeul, Colardeau fut charmant. Ce n'est pas la tendresse profonde des âmes hautes et vraiment fraternelles, ce sentiment si délicat, si nuancé qui n'est pas l'amour, qui va plus loin que l'amitié : rien surtout des troubles, des élans passionnés de l'âme romantique, au siècle suivant ; c'est une affection joviale,

assez commune, mais sincère et durable, que n'altéra
jamais, — chose rare — le sordide intérêt, dissolvant des
familles. A 18 ans à peine, il parle en aîné, décisif et pro-
tecteur, mais qui veut plaire et, sans effort, y réussit ; il est
le jeune homme qui sait, qui a vu, que l'on écoute et pour
qui l'on s'empresse et si gai, si boute-en-train ! — Petites
villageoises, qui bientôt coifferont sainte Catherine, Cen-
drillons en gros sabots et sans beauté, les sœurettes ne savent
que prier, écumer le pot, rapetasser les chausses du frère,
le lutiner, à l'occasion, sur ses bonnes fortunes, rapporter
les prix du marché, les pronostics de l'almanach, bavarder
sur les voisins. Il leur est reconnaissant et se met pour elles
en frais d'esprit et de fleurs de rhétorique, oui-da ! « Mes
« chères sœurs, j'ay apris le délabrement de vos santés avec
« toute la sensibilité imaginable. mon oncle me marque
« que l'une de vous a les pâles couleurs et que l'autre ne se
« porte que passablement bien ; de telle sorte que celle qui
« a la jaunisse la quittera pour en faire bientôt transport
« sur l'autre. Je ne scay sous qu'elle constellation vous êtes
« nées, mais s'il étoit possible d'en anatomiser les
« influences, je suis persuadé que j'y découvrirois les jaunes
« de citron, les jaunes, les jaunes clairs, enfin tous les
« jaunes du monde. Vous scavez que je ne suis guère habile
« dans la distinction des couleurs, mais vous m'avez telle-
« ment familiarisé avec le jaune que je le reconnois tou-
« jours à coup sur et que j'analise aisement la varieté de ses
« nuances... avouez, mes sœurs, que c'est une facheuse
« bien incommode que cette maudite jaunisse. C'est une
« femelle qui devroit moins maltraiter son sexe et avoir
« plus de consideration pour qui tient pour elle hôtel garny
« depuis si longtemps, pour moi je vous jure, que si j'étais
« en vôtre place je la reverrois du plus mal, que je lui don-
« nerois les violons tous les jours et qu'a force de gayeté je
« la releguerois dans quelque squelette octogenaire avec la
« mélancolie, l'abattement, la langueur et l'indifférence
« tous gens portant sa livrée. il la faut heurter de front et
« vous armer contre elle de toutes les influences de la lune.
« Car jay ouï dire que la lune cordoit mal avec la jaunisse et

« que pour peu que la lune prit le dessus, la jaunisse bat-
« toit de l'aile et prenoit volée. Le Croissant donne d'excel-
« lents *Recipes* contre cette entêtée et si vous etiez musul-
« manes je vous conseillerois d'aller prier tous ceux qui
« sont sur les dômes des mosquées de Constantinople. ainsi,
« mes sœurs, si vous etes brouillées avec la lune, venez-en
« aux arrangements et traittez. C'est le plus court, n'en
« ayez point horreur et ne vous faites point un pot au noir
« du lunatisme ».

Ce couplet sur la jaunisse, nous le connaissons : il ressemble furieusement au « *Faites-la sortir, quoi qu'on die* »,
de Trissotin. Ce maître queux, sans barguigner, sert un
plat réchauffé, allonge un peu la sauce. Et nos cordons bleus
le trouvent fort bon. N'allons pas les empêcher d'avoir du
plaisir. Cette rhétorique culinaire je vous la sers et vous
laisse le soin de l'apprécier.

V

« LA SÉANCE CONTINUE »

(Un Solon, à la Chambre)

Au mois d'août les tribunaux chôment, les procures sont
en sommeil, la nature vous invite aux repos idylliques sous
les feuillages bruissants, aux plantureux repas des cuisines
familiales, des auberges où l'hospitalité se vend à des prix
modiques : hygiène nécessaire après les portions congrues
et les abstinences forcées de l'étudiant. Et puis on a des
sœurs qui vous appellent, des cousines dont la jeune gaîté
frétille d'impatience pour de longues promenades en compagnie du cousin, songe très éveillé de quelque innocente
oaristys, mais on ne rêve guère en ce petit monde. On a
des amis, des parents à voir, — rien de plus honnête, —
à Jouy-en-Pithiverais, à Saint-Lyé, à Orléans, but de la gentille équipée, d'où l'on écrit à l'oncle (1). « Notre voyage a
« été très heureux, nos plaisirs ont été presque bornés à
« celuy de bien manger. notre repas a commencé par la noi-
« sette, mets fait pour des estomacs féminins. M. Deru-
« longue (le curé sans doute) nous a receu comme il eut
« fait au seigneur de son village et nous avons trouvé à
« l'ombre de son clochet (*sic*) un déjeuner qui répondait
« assez à notre apetit : il n'y a point eu le vollaile (*sic*) qui
« n'ait tremblé en nous voyant descendre de voiture. mal-
« gré l'honnête réception de M. Derulongue, a poene nous
« étions sorti de joui, qu'il nous a pris un redoublement
« d'apétit qui nous a fait avoir recours aux provisions que
« nous avions remporté de piviers. ma cousine cathi attri-
« buoit sa faim aux eaux de Secray, ma cousine birre à
« la chaleur de son foye, ma sœur Vilars à la diminution
« de sa fièvre, ma sœur (la cadette) et moi à l'envie de
« seconder nos affamées.

(1) Ars .1752, 1-a-s (30 août 1750), 2 p. in-4°.

« la basse court de St Lié voyoit tomber les poulets sous le
« couteau comme le bled sous la faulx. cependant sans le
« caffé nous aurions été fort mal de notre diner. dans le cours
« du voyage nous avons epuisé toutes les belles chansons du
« pont neuf de ma cousine birre et les échos de la forest
« seront je crois enrhumés d'avoir trop chanté avec nous. »
Cela manque un peu de sel attique ; la plaisanterie est
lourde ; l'orthographe, trébuchante ; mais quoi ! c'est le
printemps de la vie, l'été de la nature ; on a l'estomac creux,
le cœur en joie, l'esprit aux champs avec des parentes un
peu rustaudes et gaillardes, dont il faut prendre le ton. La
consigne est de manger et l'on s'emplit, d'être gai et l'on
déraisonne. Une fois n'est pas coutume et l'école de Salerne
était même favorable à ces petites débauches. Si l'on a chif-
fonné rubans ou fichu, dérobé quelques baisers à Cathi,
Cathinette ou Cathos, ce n'est pas à l'oncle qu'on en fera
la confidence et nous n'avons rien à y voir. Qu'il nous suffise de remarquer que ce Parisien de fraîche date n'a point
encore désappris le parler et les manières du village. Il n'en
aura que plus de mérite à devenir en si peu de temps un
homme du monde.

Environ ce temps, ce fut en l'an de la jaunisse, il écrit de
Paris à ses sœurs et vous leur fait un sermon selon les règles
du genre, avec les artifices requis, les poncifs accoutumés :
farcissure de latin, boursouflure grandiloquente, méta-
phores à longue queue, tautologies, toute la gamme. Un
texte d'abord et la référence « *Omnis homo calamitosus.*
Tout homme a ses infirmités particulières. En St Colardeau,
t. 1er. livre 2e, ch. 3e ». Une, deux, trois ! Le voilà parti. Il
a du toupet, le beau petit saint ; il aura bientôt perruque,
nécessité le voulant et mode aussi, mais quel zèle pour le
bien des âmes et quelle leçon de patience ! Deux points seulement.

1er Vous avez la jaunisse. — Passons.
2e Je n'ai pas le sol.

J'altère la forme, pour faire court. La voici toute pure :
« Capucin par la cuisine, astronome par mon logement,
« arché des gueux par l'épée, abbé par l'esprit, vous le voyez,

« mes sœurs, le sort a épuisé sur moy toute sa rigueur
« la disette aux yeux louches apprête mes repas, l'avarice
« les assaisonne, la malpropreté les sert, la faim les mange,
« voyez quel doit être mon embonpoint, logé au capitole
« parisien dans un dongeon élevé sans doute jeusse apper-
« ceu le premier l'astre qui parut à la mort de Cesar si
« j'eusse été sous cette (*sic*) empereur comme sous le regne
« de louis quinze. icy je puis sans doute m'écrier avec le
« prophete david *o altitudo !* icy je puis dire ne me *prœci-*
« *pitem mitte in profundum* car je me casserois le cou ».
L'orateur ici se mouche, satisfait de l'émotion de l'auditoire
et passe à des considérations sur le vide après quelques
mots sur sa maigreur. «... j'arrive aux goussets. icy mon
« éloquence ne peut me suffire. *datur vacuum in natura.*
« philosophes hautains dont les frivoles raisonnements
« tendent à soutenir la privation du vuides (*sic*) paroissez
« tous, venez tous, c'est moy qui veut vous desabuser.
« tremblez pour votre vaine philosophie. mon gousset
« s'ouvre, qu'y voyez-vous ? Rien, voilà, ciniques ridicules,
« ce vuide que vous refusez d'adopter, mais la chaleur
« m'emporte, mes sœurs, toujour plaindre ses infortunes
« c'est les accroître encore. montrons un front serein au
« fort de l'orage. que ne sçait point braver le sort en est
« toujours le triste jouet ». On montre un rayon d'espoir, la
fin prochaine de ces malheurs et le sermon s'achève (1).

Les sœurs ont ri, le vicaire a ri, jeune et bon enfant ; le
curé lui-même, mais en sourdine, grondeur et désarmé.
« Que vouliez-vous qu'il fît ? » Cet oncle, dans l'ancienne
Rome, fut connu de Térence. Quant à ce petit monde, provincial et dévot, il ne manquait pas de finesse, quoique j'aie
pu dire.

Et c'est aussi le temps où Colardeau, non plus sermon-
neur, mais sermonné, détaillait à son oncle « le train de
son petit menage » : « Selon l'arrangement que j'ai fait
« avec le jeune homme avec qui je mange, je depenseray
« environ douze ou treize sols par jour. Comme deux por-

(1) Ars. 7572, p. 1-2-3 l. n. d.

« tions étaient plus que suffisantes, nous en avons retranché
« une pour chaque repas. Je ne prends qu'une livre et
« demie de pain par jour qui me sert encore au déjeuner
« du lendemain. le vin ne se monte qua un demi stier par
« repas. s'il metoit possible de ménager davantage je le
« ferois pour me conformer à vos intentions ». Ainsi par-
lait-il avec franchise. Se peut-il rien de plus honnête ?

* *

« Mais la procure, me dira-t-on, y songez-vous ? — A peu
près autant que Colardeau, qui n'y songea guère, tout
occupé de soins divers, rimant, je crois, sur le papier timbré où l'on trouve assez souvent de ces fadaises et des
comptes de cuisine. On le congédiait, l'oncle fulminait,
menaçant de ne plus accueillir l'enfant prodigue, enten-
dons-nous, prodigue de son temps, monnaie si précieuse
que certaine jeunesse gaspille d'autant plus qu'elle n'en a
pas d'autre. Tous ne sont pas si fous : pauvreté les incite à
chercher mieux. Colardeau avait son plan, mais le tenait
secret pour l'heure. Il le prenait de haut avec le tuteur et
l'on échangeait des duretés, tout en s'aimant.

« Je comptois que n'ayant pour retraite la maison de
« mon père la vôtre pourroit m'en servir et vous me def-
« fendez de le croire. vous me la fermez même dans le cas
« ou je me trouverois dans l'impossibilité de me placer à
« paris.

« Le sort y a pourvu. j'entreray mecredy prochain chez
« un procureur. ma mauvaise ecriture n'a point été un obs-
« tacle, parce que les procureurs n'y prennent point garde
« ordinairement. j'y payeray quatre cents livres de pension,
« par conséquent 100 l. par quartiers. C'est l'usage de payer
« son quartier en entrant. on ne vous reçoit point sans
« cela (1). Et là dessus on demande une robe de chambre,
« faute d'argent pour en acheter une à Paris ; la faire faire
« par Cochery le plus promptement possible » (1).

(1) Arsesn. Mss 7572, 8 janvier 1752.

En P. S. on annonce que le procureur est un jeune homme qui va se marier et nouvellement établi.

Hélas ! on ne s'entendait guère dans cette famille et l'on ne savait pas ce que nous savons. N'en soyons pas trop fiers. Il est des évidences, aujourd'hui banales, et qui ne font pas les enfants plus sages, les parents plus circonspects. On savait, par les effets du moins, que la vie est un capital qui s'accroît d'abord, se maintient quelque temps, se réduit de plus en plus et retombe au fonds commun. « La matière demeure et la forme se perd », disait Ronsard. On savait qu'il faut vivre sur son revenu et qu'à manger le capital on se ruine. Prématurée, cette usure s'appelait phtisie : ce mot n'est pas d'hier, non plus que le mal. — Mais la cause, où la trouver ? — Dans ce « raccourci d'atome » dont parle Pascal. Et l'on est descendu bien plus bas dans l'abîme de l'être, grâce au microscope du père Chérubin, un Orléanais. On a vu que le monde organique « n'est qu'un champ de bataille où triomphe la mort », que l'agent de cet incessant devenir, c'est l'infiniment petit. Ces bactéries, bacilles, bâtonnets, ou droits ou en virgule, streptocoques, disons tout simplement microbes, car ces mots me brouillent, ces gens-là nous mangent et sont mangés par d'autres : rien de plus juste et pour nous de plus heureux ; car où serions-nous sans leurs discordes ? Les uns et les autres on les a catalogués, on nous a dit leurs mœurs et les moyens d'employer nos amis à notre conversation. Les pires, on nous l'apprit, détestent le grand air, les eaux courantes, la lumière. Il leur faut les antres obscurs, la poussière, la saleté ; — les livres, les paperasses, même respectables, ne leur déplaisent pas ; les serres-chaudes, pleines de ronds de cuir et de relents humains les font pulluler par myriades de milliards. Ils se nourrissent délicatement de sang jeune et pur, de chair fraîche, mais un peu amollie de fatigue extrême : les solides tendons et les vieilles peaux leur répugnent... Et voilà pourquoi, — si je n'ai proféré quelque hérésie scientifique — la procure ne pouvait convenir au pauvre Colardeau non plus que la demi-ration, le demi-setier et certains plaisirs peu coûteux, trop chèrement payés si souvent, du pays de Basoche.

Je n'ai pas tout dit. Il est un autre microbe encore innommé, mal connu, terrible aux uns, utile aux autres. Il s'accommode de la campagne, supporte bien l'ennui, se distrait dans les recoins les plus noirs des bureaux ; il attaque seulement quelques pauvres diables qui se nourrissent d'espoir et de maigre potage ; il ne tue pas d'ailleurs, mais vous mène à l'hôpital... ou à la gloire... posthume, quelquefois à la fortune. « Tout arrive ». C'est le microbe de la rime. Une fois dans le sang, on ne l'extirpe qu'aux approches de vieillesse et je n'en suis pas sûr.

Une variété toute parisienne, c'est le microbe du théâtre. Quand il vous tient, c'est pour longemps. Certains en guérissent, ceux-là sont rares. Prose ou vers, il faut qu'on écrivaille à l'abri des cartons où dorment les mystères de la chicane, où s'entassent les statistiques des veuves qui ont passé sur le Pont-Neuf. Là, loin, bien loin du chef de division qui les applaudira peut-être un jour dans sa loge et leur demandera des billets de faveur, des plumitifs d'allures pacifiques sont agités de fureurs intérieures qu'un geste coupant, un roulement des prunelles, un cri étouffé parfois trahissent et dont les camarades ont le secret : c'est le délire d'Oreste, la rage d'Othello. Ils en sont à la cinquième du quatre : coup de poignard, coup de revolver, coup de bourse, coup de téléphone, cela varie indéfiniment selon les goûts du siècle. C'est le « clou » d'où dépend leur fortune ; c'est la gloire en gros sous, non en beaux francs-or, ces francs que nul ne vit, sinon dans les médailliers et dont tout le monde parle ; — cette immortalité en a-t-on souci ? Et ce « clou », si la pièce tombe, l'auteur peut-être s'y pendra.

Ce sont alors tragédies de la vie réelle, mais la tragédie de Voltaire avait passé par l'étude de maître Alain le tabellion. Celle de Ducis (1), aux années dont je parle, s'attardait gaiement dans une procure, alors que Colardeau se morfondait je ne sais où. Ces deux amoureux de la scène

(1) Né en 1733 ; — *Colardeau en 1732.*

ont pu se rencontrer à la Comédie ou chez Procope ; mais leurs lettres ne disent pas qu'ils se soient connus.

Ducis écrivait à un camarade d'enfance qui déjà taquinait la Muse et courtisait les belles : « Ma foi, mon cher ami, Vénus a bien des appas, mais l'argent, mais l'argent... oh ! l'argent est une bonne chose. Tu vas peut-être dire : « Quel homme ! quelle disposition pour la procure ! oh ! sûrement cet élève-là fera fortune ». Tandis que tu déclames contre moi avec force honnêtes épithètes, je travaillerai peut-être à les mériter. Tu m'entends, mon parti est pris.

> Je veux mettre une enseigne où chacun puisse lire
>   Avec toute facilité,
> Quiconque voudrait être à la mendicité.
>   Pour s'y voir bientôt n'a qu'à dire
>   Ici l'on vole en toute probité.

Et le clerc d'ajouter, pour atténuer la malice, « que tout vole généralement dans la nature »

> La fourmi dans nos riches plaines
> De Cérès pille les présents.
> Quand on vient de semer les champs
> Les oiseaux enlèvent les graines,
> Les procureurs, toujours pillants,
> De rapines ont les mains pleines,
> Les contrôleurs, toujours galants,
> Volent les cœurs des inhumaines (1).

Cela n'est pas bien méchant ; le bon Ducis n'a jamais su l'être et l'on a ici trop d'esprit pour lui en vouloir. D'ailleurs, les procures ne sont plus, « nous avons changé tout cela ».

---

(1) *Lettres de Ducis*, 1752-1815, édit. Paul Albert, 1879, lett. 1re

VI

LA GIROUETTE

Le tuteur, depuis deux ans, était en grand souci. Colardeau n'avait nulle inclination pour la procure. Un garçon si bien doué ! Dits, contredits et interlocutoires ne lui disaient rien. Assignations, licitations, jugements par défaut, référé, il n'y voulait entendre. Que faire ? que d'argent jeté à l'eau, à l'eau de Seine, qui pis est. Cent francs par mois et autres menus coûts, quelle brèche dans un petit avoir et quand les terres rendaient si peu !

Le brave homme ne voyait point un mal plus grave et imminent. Une mère l'eût pressenti, prévenu peut-être. Elle eût usé ses yeux à la couture, usé son linge de corps, adroite à cacher sa misère, se refusant tout plaisir pour améliorer le régime de l'étudiant. La mère d'Amyot, ce dit-on, envoyait à son fils, domestique dans un collège, au service des élèves, une grosse miche hebdomadaire par le coche de Melun. Une mère, aujourd'hui, achèterait du Mariani, mieux encore : elle en ferait avec vin vieux de Rebréchien, kola, quinquina et autres ingrédients ; elle y ajouterait ce qu'aucune mixture brevetée, paraphée d'autographes illustres ne remplacera jamais, l'élixir de son cœur, et le fils, tous les matins, heureux et attendri, dégusterait ce « Mariani de la maman », souverain réconfort. Mais l'oncle, avec les meilleures intentions, qu'adressait-il, par l'ordinaire, à son pupille ? De véhémentes remontrances, tonique insuffisant, drogue plutôt à donner des nausées. Le neveu la repousse avec des mots amers qui désespèrent le grondeur. A quel saint se vouer ? Pour se tirer de là, il ne faut pas moins qu'un miracle. C'est pourquoi l'on joue à la loterie royale et l'on perd immanquablement : nouvelle brèche. Le quine ou le terne s'obstine à ne pas venir, ce

sera pour demain ; demain tout gratis, comme chez le
raseur de village. Aujourd'hui *bisogno pagare*.

Soyons très pitoyables à ces faiblesses, qui avaient alors,
qui ont encore tant d'excuses. La loterie n'a plus d'existence officielle ; mais on met son espoir aux cascades du
change, dans des sables aurifères qui engloutissent la sueur
des pauvres gens et ne donnent même plus cette poudre
vermeille à sabler les fautes d'orthographe des belles d'autrefois. Le bas de laine se vide dans des coffres sans fond,
boîtes automatiques d'où sortent de belles vignettes à amuser les vieux enfants ; elles coûtèrent 500 francs et valent
bien cinq sous... le paquet. Songeons, d'ailleurs, à ce
qu'était la vie des curés de campagne, des meilleurs souvent et des plus secourables, peu avant la Révolution. Ils
mouraient de faim quasiment, pour peu que le pays fût
pauvre, le seigneur dur ou indifférent et qu'ils eussent eux-
mêmes parents ou enfants à leur charge. En ce temps-là un
cardinal de Rohan, à Strasbourg, avec un revenu de
400.000 livres (1) (quelques millions d'aujourd'hui), n'arrivait pas à joindre les deux bouts, engraissant des fripons
qui l'exploitaient, ruinant à son tour de fort honnêtes gens.
J'en sais un qui, après de grosses avances, reçut pour tout
paiement... une ombrelle de soie verte, d'ailleurs curieuse
et qui se voit maintenant dans un musée d'Alsace. Précieux
bibelot aujourd'hui, cette ombrelle était alors monnaie de
singe. Couleur d'espérance, elle semblait dire : « Vous serez
payé quand on verra tout le monde content ». Ce jour est
encore loin, mais on souffre de la faim, comme jadis, en
certains presbytères de village. Pour se donner du cœur au
ventre, on se repaît d'illusions, viande creuse, on se laisse
prendre à ces miroirs d'alouettes, prometteurs de fortune.
Que le curé de Saint-Salomon n'ait pas été plus sage que
les gentils oiseaux de son pays, étant peut-être meilleur
que nous, il y a là de quoi rabattre nos prétentions et
désarmer toute censure.

Ce bourru bienfaisant ne s'entête point. Expérience faite

(1) *Almanach royal*, 1756, p. 57.

des répugnances du jeune homme, il va renoncer à son idée première, se disant que, parmi les siens, parents ou alliés, d'autres viendront pour la justifier, qui choisiront procure, y trouveront grand avantage. Il en fut ainsi, et dans la souche Colardeau. Trois Dufresne, à ma connaissance, aïeul, père, fils, furent avoués, procureurs autant dire, durant près d'un siècle. Preuve par le fait que le métier nourrit bien qui bien s'en acquitte. Argument rétrospectif, qui n'est qu'à notre usage. Tout au plus eût-on pu dire : Pas de sot métier et l'on eût ennuyé. Le tuteur trouva mieux, laissant au pupille, bientôt majeur, toute liberté pour le choix d'un état. « Enterrée la procure !... mais l'avocasserie, qu'en dirais-tu ? » Et le clerc d'écouter, d'abord séduit. Avocat ! mot de belle résonnance. Est-il profession plus noble ? Défendre la veuve et l'orphelin, faire triompher la vérité, la justice par le seul pouvoir du verbe, tenir sous le charme un auditoire, apaiser Minos, Eaque, Rhadamante, débrouiller l'écheveau du tien et du mien, être celui que la curiosité publique désigne d'un doigt flatteur, 'que la foule salue d'un gentil « le v'là » ! quel rêve ! Colardeau l'a-t-il fait ? mais l'oncle a pu dire avec conviction : « L'avocat ne dépend de personne et tous peuvent avoir besoin de lui... », ajoutant *in petto* : ...surtout aux campagnes natales ». Arrière-pensée, reste d'espoir qui eût craint trop tôt de se trahir, suggestion peut-être de ce moi profond, dormeur éveillé, plein de malice, ne parlant point à l'autre moi, qui parle trop et le menant à son insu, si l'on n'y prend garde. Quoi qu'il en soit, voici le revers de la médaille.

Colardeau écrit à son oncle, le 7 mars 1752, au sujet du choix d'un état. « A vous parler franchement je marche « encore en aveugle... L'état qui supleera le plutôt (*sic*) à la « mediocrité de ma fortune sera celuy qui me sera le plus « avantageux ». Il a déjà fait le premier pas dans la pratique et doute que ce soit pour lui une position heureuse. Il faut acheter une charge dans laquelle on n'est pas toujours sûr de réussir. Son nouveau patron, un jeune procureur, a payé 24,000 livres l'étude où le prédécesseur vivait à son aise et il mange le reste de sa fortune.

Avocat ? Combien il en coûte pour parvenir ! Un droit à payer de 1,000 livres ; une bibliothèque à acquérir et des années d'attente avant de gagner de quoi se suffire. « Mon cousin Jabineau ne commence à travailler que depuis deux années et vous sçavez quel âge il a ». Il avait trente et un ans. Né à Etampes en 1721, Pierre Jabineau de la Voute était le fils du procureur fiscal de cette ville, oncle maternel et parrain, nous l'avons vu, de Charles Colardeau. Avocat depuis 1746, personnage remuant qui courut mainte aventure, mort en 1787, ce Pierre ne doit pas être confondu avec un Jabincau (Henri), son frère ou son cousin, qui fut d'Etampes aussi, avocat de même, puis abbé janséniste acharné et dont l'existence passa par plus de cascades encore. Il mourut en 1792. De celui-ci, notre poète ne dit rien. Pour l'autre, il ne paraît pas avoir été pressé de le connaître, ne l'étant guère en général de faire les visites promises, surtout à la parenté ou aux protecteurs qu'on lui désignait.

*
* *

Procure ou barreau, que choisir ? On discute, on suppute, on aligne des chiffres ; l'argent, l'argent toujours. De la santé, pas un mot. C'est le *to be or not to be* à quoi l'on ne pense point. Respire-t-on dans ces officines de chicane ? A-t-on le sang assez riche en globules rouges, les poumons assez forts pour les fatigues du métier, une voix qui puisse tonitruer dans un prétoire, sans souci de la clepsydre, ou ronronner suffisamment pour endormir les juges ? Avocat, Colardeau, le pauvre homme ! Les jours se passent, le mal vient tout à coup poser la question redoutable. En septembre, à Paris, fièvre violente ; il est au lit. Un ami, du moins, veille à son chevet, un « pays », Chevallier : ce nom fut celui de la première femme du père

(1) Ars. ms. 7572, f. 15-16.

de Charles. Le brave garçon fait de son mieux, mande le chirurgien pour trois saignées, court chez l'apothicaire, administre des purgations : deux onces de manne, une once de sirop de pomme, un gros de sel végétal. Bénin, bénin ! cela ne tue pas. Le subtil infirmier déniche l'oiseau rare : un prêteur bienfaisant, M. Butteaux, qui avance quelques louis, sans intérêts ; il trouve une garde, un habile médecin ; il envoie quotidiennement à l'oncle, et même plusieurs fois le jour, un bulletin. Du 19 septembre, ceci : « Le malade a une grande dévotion de la volaille du Gâtinais ». Indice de convalescence ; mais il avait le mal du pays. Prêt à pleurer, l'oncle sourit. « Viens, mon enfant ». Et l'enfant arrive, sans tarder ; il va rester deux ans parmi les siens.

*
* *

La girouette vire et vire là-haut à l'occiput ardoisé de la cathédrale, cependant que ma plume vague, divague sur le papier, cherche sa direction. L'ouest pluvieux envoie ses giboulées : des nuages noirs courent fort bas, se diluent ou fondent en eau, le soleil luit et disparaît, l'aiguille est folle. Un tour de valse : elle pointe vers le coin des « hargnes », d'où partent les fléchettes de glace et les grippes qui se traînent. La voici au vent de galerne, d'humeur bizarre, soufflant le chaud et le froid. Enfin elle s'arrête au Septentrion et l'air se tonifie, avec des bouffées hivernales, nettoyé du moins de ses vapeurs et de ses miasmes. C'est l'avril, restons-en là ; c'est assez pour notre éphémère durée. La girouette tournera pour bien d'autres encore. Elle nous dit le renouveau, l'hirondelle prochaine, l'espoir de la moisson. Vivant symbole de la vie, elle a eu les agitations de la jeunesse, mais l'invite à chercher le Nord, l'étoile directrice de son activité, à prendre racine quelque part, si l'on n'a pu demeurer au terroir des ancêtres. Soyez attaché à votre profession, sans en être esclave ; attaché au pays qui vous adopta et vous a révélé peu à peu le secret de sa grâce. À rester longtemps parmi des concitoyens, on se tient plus droit, car on veut leur estime et le respect ne s'achète point. Qu'importe à l'homme qui passe l'opinion de celui qui reste ? Voyager, pour s'instruire, oui, et pour la douceur du retour et l'amour accru du foyer. Mais quoi ? pour le commun des mortels, voyager, c'est se disperser et nous voyageons trop ; même dans la cité, toujours hors de chez nous, comme Madame Benoîton, quand nous sommes de loisir, toujours absents de nous-mêmes.

Une belle vie au contraire, ce fut celle de notre curé. Nôtre ou mien, je le dis, car je crois le voir, non sans quelque dépit de ne pouvoir le lire. C'est l'inconvénient — qui n'est pas unique — de ces soli épistolaires : on voudrait un concert à deux ou plusieurs voix. Ce qui n'est pas écrit, on tâche de le deviner, non sans risques : l'imagination joue de vilains tours et sans elle pourtant pas d'histoire possible. Nos paperasses sont là pour redresser les écarts de la « folle du logis » et la chemise jaune et la boîte à macarons nous ont déjà rendu bien des services ; mais que de ratures ! Nouveau scrupule : étaient-ce vraiment des macarons ? Nous n'en mangeâmes point. C'est un régal toujours : une tranche de vie, comme on dit maintenant, la vie d'une famille, des reliefs de notre histoire locale.

Né à Orléans, le digne homme y est tonsuré ; il accepte déjà l'honneur onéreux d'un parrainage. Curé à Pithiviers, en mai 1746, il élève quatre enfants, lourde tâche, et nous pouvons lire à nos Archives, son compte de tutelle, un chef-d'œuvre. Il sera maire de 1769 à 1771 : témoignage éloquent du dévouement civique de cet homme de bien, de la reconnaissance de ses administrés et de la souplesse de l'institution communale. Il prendra pour vicaire un arrière-cousin issu de germain, François Regnard Viabon qui doit lui succéder dans sa cure en 1779 et l'occuper jusqu'en 1805 (1). Nommé à la chantrerie de Saint-Georges, seule dignité qui fût à la collation de l'évêque, chanoine

(1) Je dois à l'obligeance de M. de Fougeroux de Denainvilliers ces renseignements sur les deux curés Regnard. J'ai pu, grâce à lui, corriger certaines erreurs où m'avait induit une homonymie dont mes documents ne disaient rien.

ensuite de cette collégiale qui s'honorait de la sépulture de saint Lyé, Louis Regnard, meurt en 1789, le 21 août, après des jours bien remplis et peut-être son dernier regard se fixa-t-il sur la girouette aimée de Saint-Salomon (1). Il fut inhumé le lendemain dans l'église Saint-Georges. Regnard-Viabon acheta l'ancienne collégiale, à la vente des biens nationaux, y appela des Frères des Ecoles chrétiennes et donna cet établissement à la ville (1811). On lisait dans le vestibule, dit Vassal, quatre vers à sa louange que j'avais, — autre erreur — rapportés à Regnard Ier. J'en retiendrai un vers, en le modifiant : hommage tardif, autant que mérité, à la mémoire du bon oncle de Colardeau :

> Il fut riche en vertus et ne fit que du bien.

*
* *

Autour de lui quel contraste ! Seule, la fille aînée ne varie, en dépit d'un méchant proverbe. L'oncle, son Charles et sa pauvre cadette, le cousinage, quelques amis, l'église, la maison, c'est assez pour son cœur ; — le petit trou de Pithiviers, les campagnes de Beauce et du Gâtinais, assez pour l'imagination ; — les nouvelles du dehors, le voisinage,. le caquet de porte en porte, assez et trop pour une vaine curiosité, pour la médisance, penchants inférieurs que l'on condamne chez autrui, sans vouloir, sans pouvoir les réprimer en soi. Que demander de plus ? Le ciel se reflète dans une goutte d'eau ; l'esprit se crée partout un univers.

Girouette agitée, non par sa faute, le frère chéri. Il oscille, cherche à se fixer ; il y arrivera, mais trop tard, non comme l'oncle eût souhaité. Plus sage que persuasif, celui-ci craignait pour le jeune homme l'emprise du Paris mondain, l'influence délétère du milieu. Il ne soupçonna point le danger physique, ou le crut moins proche, ce poison qui était dans le sang et par le manque d'air et d'alimentation, la ruine fatale d'un organisme délabré.

Girouettes les deux autres, (nous en reparlerons) : sujet

(1) Saint Salomon, un saint de Bretagne, un déraciné.

d'étonnement pour ce tuteur de voir parmi les siens des âmes qui tournaient à tout vent. S'avoua-t-il lui-même plus tard qu'il avait eu un moment d'inconstance une « papillonne » dans l'âge où, d'ordinaire, les forts ne dévient plus. Ce fut (j'anticipe encore sur les faits pour esquisser les caractères), ce fut le désir de troquer la cure de Pithiviers pour le doyenné de Meung, plus avantageux pécuniairement, mince profit qu'il eût payé de son indépendance ; car le maître, l'évêque pour mieux dire, résidait là souvent ; inquiétant voisinage pour qui ne veut servir. Il le comprit et fut sage.

*
* *

Le malade est en convalescence : délicieux retour à la vie. C'est l'enfance, mais consciente de sa faiblesse et sans égoïsme ni violents caprices. C'est la jeunesse, car on aime et l'âme, comme une urne trop pleine épanche sa sympathie sur les êtres et les choses. C'est un éveil matinal du corps et de l'esprit bien reposés et, si l'on est poète, un besoin de produire plein de douceur une sensibilité frémissante et sans fièvre qui fait l'œuvre heureuse. Sans être un lyrique, Colardeau n'eut jamais plus d'alacrité dans le travail, plus de gaîté délicate et fine. Il fit, nous dit-on « quantité de pièces de société peu intéressantes pour le public, mais très amusantes pour les personnes qu'il voyait le plus ordinairement et qui avaient elles-mêmes des goûts relatifs aux siens. » Ces bluettes, même fanées, auraient pour nous du charme. Leur vérité même les fit dédaigner. Fleurs du pays natal, un peu de leur fugace parfum nous resterait. Elles nous diraient quelque chose de ce petit monde provincial si peu connu, si vite oublié. Tel est le divorce des générations les plus voisines: les goûts diffèrent, on a rompu ; la plus jeune affecte d'ignorer la précédente ou la tourne en dérision. De là le ridicule des modes d'antan, je dis bien, au vrai sens du mot, mais figurément, de l'an passé. Or la mode, par définition, est tromperie, car elle masque la nature. Joli masque bien souvent et qui inté-

resse l'historien et l'artiste, séduit, affole ceux-ci, rend
jalouses celles-là. Fard, crinoline, perruque, vous ferez l'in-
ventaire et toujours vous reconnaîtrez la mode à ce caractère, qui n'est pas le seul. Elle est le changeant, ce qui plaît
aujourd'hui et dont demain ne voudra plus. Elle est le joli,
non pas le beau, car le beau est vérité. Les cavaliers de
Phidias ne furent jamais à la mode, non plus que la Vénus
de Milo. « Rien n'est beau que le vrai... » Nicolas l'affirme,
qui n'était pas une bête. A moitié pourtant, d'avoir ajouté :
« Le vrai seul est aimable ». Maudit hémistiche, pourquoi
viens-tu ? Pour la rime. Il est vrai qu'il « se tue » à la
trouver et l'attrape quelquefois aux dépens de la raison.
La Vénus de Milo est-elle aimable ? Le Zeus olympien l'était-
il ? Et le pouilleux et les sorcières de Goya ? Que d'etc. à
la clef !

Mais je rabâche, pensez-vous. Je perds le fil ? *Chi lo sa ?*
Boileau me rassure : « Chacun pris dans son air est agréable
en soi ». Le classique (le vrai), n'est pas le précieux, ce faux
noble du langage et des manières, masque de carnaval. Le
classique ne date point et ne s'embarrasse pas des querelles
de classes. Aristocratie, roture, qu'est-ce que tout cela dans
l'art ? La vérité, le style, cela seul importe, la vérité qui est
la nature, le style qui est l'homme ajouté à la nature. Pour
Homère, un âne est un âne, un porc est un porc. Boileau,
là-dessus, a quelque peu... baf... non, bre... douillé. Soyons
poli et académique.

Le beau, le joli même, il est parmi le peuple et ce dernier, sans être de toujours, échappe longtemps, échappa,
pour mieux dire, aux caprices de la mode. On les trouvait
aux champs, au village, à la ville, à la forge, à l'atelier, ce
beau, ce joli, menacés de disparaître. Paysans en blouse,
ouvriers en bourgeron, charpentiers pantalonnés de velours,
forts de la halle au sombrero tout enfariné ne sont-ils pas
plus plaisants à voir, dans leurs frusques de labeur que, le
dimanche, embourgeoisés d'une « pelure » ou d'un « complet » des « Classes Laborieuses » ? Et le bonnet en fine
dentelle de la Beauceronne, la coiffe rayonnante de la Calai-
sienne, les chignons pointus, les cornettes innombrables de

Provence, de Bretagne, Normandie et autres lieux, ces casques aigus où l'on a pu voir un reste du culte solaire, un emblème sans pudeur de la fécondité, cela ne vaut-il pas les chapeaux de quatre sous qu'on paie fort cher pour être une « Madame » ? Poésie qui se perd, laideur envahissante. Le faux, partout le faux.

Cette beauté rustique, Colardeau l'eût pu voir autour de lui ; il en était comme baigné, matière d'art à sa portée. Il n'en sut que faire : ces biens, on n'en connaît le prix que lorsqu'ils nous échappent. Ceux-là même sont rares qui les regrettent : piété tardive et stérile. « A Paris ! A Paris ! » disait-il en son cœur. Une rechute le retint trois mois encore : plaie de la jambe, mauvais sang qui s'irrite. Le mal à peine blanchi, il boucle sa valise et part. Il emporte quelques vêtements trop larges, ouvrage du tailleur Cochery, des nippes ravaudées ; point de chansons villageoises ; du sérieux, de l'ennuyeux, une tragédie presque achevée. Le pauvre homme !

*
* *

Cette poésie qu'il laissait en chemin, un Orléanais d'Orléans la sut ramasser quelque 150 ans plus tard, s'en faire un bouquet, un gros bouquet de village qu'il destinait à l'autel. Robuste enfant de la glèbe, pèlerin passionné, chemineau cheminant d'un pas rythmique et sonore vers un idéal tout voisin, Charles Péguy refit à peu près, mais en sens inverse, la route que Colardeau suivit cahin-caha par le coche. Péguy s'en allait, de Paris, présenter la Beauce à Notre-Dame de Chartres.

> Deux mille ans de labeur ont fait de cette terre
> Un réservoir sans fin pour les âges nouveaux
> Mille ans de votre grâce ont fait de ces travaux
> Un reposoir sans fin pour l'âme solitaire.
>
> Nous allons devant nous, les mains le long des poches,
> Sans aucun appareil, sans fatras, sans discours,
> D'un pas toujours égal, sans hâte ni recours
> Des champs les plus présents vers les champs les plus proches.

Vous nous voyez marcher, nous sommes la piétaille.
Nous n'avançons jamais que d'un pas à la fois.
Mais vingt siècles de peuple et vingt siècles de rois,
Et toute leur séquelle et toute leur volaille

Et leurs chapeaux à plume avec leur valetaille
Ont appris ce que c'est que d'être familiers,
Et comme on peut marcher, les pieds dans ses souliers
Vers un dernier carré le soir d'une bataille.

Que dire de ces vers ? et de sa mort que dire ? La voix tremble, l'admiration balbutie : petit homme aux yeux bleus, âme grande, un rustique, un ouvrier dur à la tâche, un guépin ardent, plein de finesse, un poète au verbe impétueux et troublé comme un fleuve, un Celte blond enfin, de sang héroïque. Ce sang était celui des soldats de l'an II et ceux-là même descendaient en droiture des gens de pied de la Pucelle, des légionnaires de l'*Alouette*. Héritier de tant de vaillance, de tant d'obscures vertus, ce Chantecler des bords de Loire vécut un beau rêve ; mais vint pour la patrie le grand péril, vint la grande pitié — et dans ces champs catalauniques où, par deux fois, allaient se briser les armées formidables du César dégénéré, sinistre fantoche et faux Attila, — il tomba comme un preux, le paysan de « douce France ».

P.-S. — Ce chapitre était écrit au printemps de 1924 et l'étude sur Colardeau, achevée le 14 juillet suivant, mais la lecture à notre Société n'a pris fin que le 17 juillet dernier. Durant ces intervalles de précieux témoignages me sont parvenus de l'intérêt qu'éveillait à Pithiviers le travail encore inconnu d'un fervent ami, on le savait, de la charmante ville. Si je n'ai pas vu Janville, à mon grand regret, je vis Pithiviers une fois, il y a quelque trente ans. Reçu chez les parents de l'un de mes élèves qui a fait honneur aux siens et à ses maîtres, je trouvai là d'abord une hospitalité plus qu'écossaise : gâtinaise, c'est mieux ; tout cœur et tout régal ; — puis la paix d'un beau dimanche de printemps. Trop de calme, à mon gré : matines chantantes, vêpres mornes. Pas un marteau sonore sur l'enclume, point de caquets au marché et point de « puces » ; les métiers se sont tus, les boutiques vous ferment la porte au nez. Aux champs, personne ; quelque « blaude » rencontrée par hasard, plus de doux tic-tac aux moulins ; des canards qui vont deux par deux et des fillettes trois à trois, joli intermède. Mais quelle harmonie et que de majesté dans ce grand silence ! La flèche de Saint-

Salomon dans ce ciel si doux où monte l'alouette, une terre aux molles ondulations et d'un rythme si pur, ces eaux lentes parmi les herbages, ces peupliers frémissants de Bondaroy, les ruines d'Yèvre le-Châtel, somptueusement vêtues des verdures d'avril, une tour féodale, altière parente de Montlhéry et du Puiset, tout cela m'avait laissé un long souvenir ; une aquarelle chaude et lumineuse de Pensée dans mes cartons le vient souvent raviver. — Pithiviers, je le revis à l'Arsenal, avec quelle émotion ! Colardeau fut mien et je fus de Pithiviers comme Colardeau, né à Janville, enfant de Pithiviers par adoption. Orléanais, je l'étais devenu par profession et de plus en plus par les loisirs de la retraite. Terre d'agronomes, de juristes, de pédagogues, d'imprimeurs, ce pays de Loire et du Loir et du Loing (brouillons un peu *la* carte) le fut aussi de poètes : Colardeau déjà nommé, les frères de La Taille et Peguy, prix d'excellence, Guillaume de Lorris, un Ovide et Jean de Meung, ce Juvenal, Musset et Vigny, Régnier et Desportes, Ronsard enfin, grand prix d'honneur. Palmarès incomplet. Je me tais des vivants, n'ayant pas qualité pour louer dignement les Pithivériens érudits et bienveillants à qui je suis redevable et qui m'ont aidé de leurs conseils. Tous m'ont dit : « N'oubliez pas la belle Mme Darnault. » Que faire ? Elle fut aimée de Colardeau, sans doute au temps de sa convalescence. Or mes notes, mes copies, sauf omissions involontaires, ne me disant rien de cette « passionnette », je ne pouvais songer à m'en faire l'historien. Elle tient d'ailleurs peu de place dans la vie du poète. Celui-ci ne fut dans les longs jours de cette femme (1732-1828) qu'une étoile filante, tôt oubliée, je crois. — Vers la 13e année et la 20e, Marie-Anne Dallier fut la Béatrice ou la Laure de ce pauvre garçon qui vaguement pétrarquisa, sans avoir rien de Dante :

> *Vous sortiez de l'église et d'un geste pieux*
> *Vos nobles mains faisaient l'aumône au populaire.*

On se vit à l'ombre du clocher de Saint-Salomon, en diverses sociétés. On effeuilla la marguerite, il soupira des vers, puis Eglé devint Mme Darnault, il retourna vers sa procure. Elle vécut très bourgeoisement, riche et belle, puis veuve, belle encore, puis un peu moins. Peu clémente, la Révolution crut l'épargner en lui délivrant ce « Laissez passer... la citoyenne Marie-Anne Dallier, veuve Darnault... âgée de 56 ans. Taille 4 P. 10 P. Cheveux et sourcils gris, les yeux enfoncés. Bouche moyenne. Visage allongé. » — le couteau égalitaire eût mieux valu peut-être, pour sa gloire.

*
*
* **

L'obligeance extrême de quelques correspondants m'a fourni des documents dont je ne puis faire état, n'ayant plus le temps ni surtout la force de les utiliser, la maladie s'étant mise à la traverse de mes intentions. Mieux vaut ainsi. J'aurais eu scrupule de déflorer par des extraits hâtifs des œuvres qui doivent éclore au terroir même et par leurs soins industrieux. A eux ma gratitude et mes excuses.

VII

« MANGEANT SON BLED EN HERBE »

(Rab., *Pantag.* iii, 2.)

C'était sous la Coupole. Maurice Donnay répondait au discours de réception d'Alfred Capus, le 28 de juin 1917 : « Vous avez établi que, pour réussir, un jeune homme, à un moment donné, devait brusquement quitter la carrière dans laquelle ses parents ou les circonstances l'avaient engagé ». Que ce soit établi, ma grand-paternité doute fort. « Pierre qui roule... ». « Pour un qui s'en louera, dix mille s'en plaindront ». Jeunes gens, écoutez les vieux, abondants en maximes qui leur donnent raison, les vieux dont l'expérience se fit peut-être de quelques chutes et qui veulent vous les épargner, car ce qu'ils aiment en vous, c'est leur moi, purifié de ses fautes ; ce qu'ils souhaitent de laisser après eux, c'est une image d'eux-mêmes, mais plus belle et qui réponde mieux à ce qu'ils ont rêvé ; ils furent l'ébauche, soyez le chef-d'œuvre.

Les jeunes gens ont raison quelquefois contre nous. Encore faut-il de la constance.. Péguy sortant de l'Ecole Normale en coup de vent, aux bout de dix mois, que gagna-t-il ? Péguy fut sincère, désintéressé, sans aucune défaillance : voilà sa vertu, sa force ; — mais cet ennemi des pédants (plaisante faiblesse) fut le plus pédant des pédants. Et loin de moi toute intention de reproche. Pédant charmant si ces mots ne jurent. Il a la flamme, il a le trait, la belle humeur, mais aussi (prenons-y garde) le *flumen orationis*, ce verbe que rien ne peut endiguer. Il fait le « laius » qui amuse la jeunesse et la flatte et la dispense de répondre, voire d'écouter. Autre défaut et plus grave : ce diable d'homme a l'orgueil immense, puissant ressort d'ac-

tion, barrière pour l'esprit, qu'elle isole. Cet apôtre annonce
la vérité, la sienne seulement, et celle d'aujourd'hui, qui
ne sera plus demain. Il faut douter pour entrer dans la pensée d'autrui. La vérité n'est pas à Pierre plutôt qu'à Paul.
Elle luit pour tous. Elle sort de la bouche des enfants, de
celle des pauvres d'esprit et le plus docte, comme le plus
saint, pèche sept fois le jour et septante fois, s'il parle trop.
Avis à moi : docte, ne suis ; saint, ne puis ; pédagogue je
fus, en des temps très lointains.

*
* *

Remontons un peu plus dans le passé. A l'époque de
Colardeau parents et jeunes gens ne s'entendaient pas toujours sur le choix d'une carrière, mais. on s'arrangeait à
l'amiable le plus souvent ou l'on cédait au hasard des circonstances. Eternelle histoire. Ovide, Ronsard furent poètes
« *invito patre* ». Combien d'autres même « *invita Minerva* »,
sans qu'il faille inférer autre chose de là que certaine
influence qui fait notre destin. On naît poète, on naît aussi
rimailleur, grande misère, parfois grande fortune.

En mars 1755, Colardeau est à Paris. Oncle et neveu sont
d'accord. Un peu de procure derechef pour avancer dans la
pratique, être avocat, s'il se peut. Voilà toujours du temps
de gagné. On est chez un nouveau patron, M. Tournaire et
l'on fait ainsi son portrait : « ...jeune homme doux,
aimable, complaisant, habile dans son état et sans mauvais
préjugé pour les clercs ». On prend pension chez lui, sa
cuisine est maigre, un peu refroidie, mais on est en carême,
il faut passer là-dessus. Dans l'étude, rien à faire, c'est l'essentiel : vers de pulluler ; on rime et l'on « s'enrhyme »,
en dépit du feu poétique, devant le poèle éteint. On prend
son chapeau, l'on sort : course à faire en ville, commission
du patron sans doute, chez l'avocat Jabineau, un cousin
déjà nommé, à qui, depuis longtemps, on devait faire visite
et que l'on voit ainsi brusquement, en qualité de clerc, por-
teur d'une liasse. L'accueil fut sans charme et la première

impression fâcheuse. « C'est un petit homme d'une fatuité
« insupportable. un laquais est venu m'ouvrir la porte.
« Monsieur estoit au lit incommodé par ton et par amuse-
« ment. on m'a annoncé, il a bien voulu sortir de son lit
« et j'ai vu paroître du fond d'un alcove un nain Colifi-
« chet affublé d'une robbe de chambre a fleurs d'or, en
« pantouffle de Damas qui m'a salué de la tête et m'a
« souhaitté un bonjour d'une voix tombante, nous sommes
« passés dans son cabinet, ou il s'est jetté nonchalamment
« dans un fauteuil et moy j'ay pris une chaise crainte de
« rester debout devant un fat qui l'auroit souffert. je lui
« ay remis des papiers dont j'étois chargé, il les a lus tran-
« quilement pendant une demie heure, m'a rendu reponse,
« s'est levé, a fait deux pas et m'a tiré sa révérence et
« cela sans m'avoir demandé de vos nouvelles, ny des
« miennes a moy qu'il voyoit de ses deux yeux, je n'y
« retournerai pas. » (1)

Il y retourna, étant bon parent et sans longue rancune ;
bon garçon aussi, ce Jabineau, dont la vanité peut-être avait
pour excuse l'esprit de corps. Avocat, il recevait un clerc.
Ne fallait-il pas maintenir les distances ? Le cousin, d'ailleurs, avait manqué d'usage, boudant aux visites. Une petite
leçon serait bonne. On lui pardonna. Hélas ! il eut aussi
plus tard certaines peccadilles, — et pires — à faire oublier.
D'autre part, il souffrit cruellement dans sa chair. Malade
lui-même, Colardeau fut très pitoyable aux infortunes d'un
parent qu'il voyait à la mort et qui devait lui survivre.

Présentement le poète est tout à la tragédie d'*Astarbé*.
Vous connaissez *Télémaque* : il charma votre jeunesse et
l'ennuya ; on vous le servait en tranches ; lectures, récita-
tion, thèmes, exercices de style, du *Télémaque* toujours au
banquet de votre vie scolaire et toujours les mêmes mor-
ceaux, les moins friands ; mais il y avait aussi du tendre
que vous dévoriez en cachette, un avant-goût de l'amour,
quel délice ! Il y avait de la poésie dans cette prose, de l'Homère, du Virgile accommodés au goût moderne, qui n'était

(1) Ars. mss. 7572, p. 50 (13 mars 1755).

pas le meilleur goût. Votre jeune appétit s'en régalait pourtant. Vous avez lu *Télémaque*... Ne lisez pas, si m'en croyez, *Astarbé*. J'y ai bâillé, pour vous épargner cette peine et par devoir de biographe. Drame très noir : des méchants qui ne sont pas malins, étant trop loquaces ; des vertueux qui débitent des maximes et gémissent, point n'agissent ; des amoureux sans véhémence ; des fils disparus, retrouvés au bon moment ; la voix du sang qui parle, car tout parle sur la scène et n'est là que pour parler ; les trucs accoutumés, coupe fatale, poignard libérateur ou traître ; — des tombeaux nouvellement importés d'Angleterre, vus chez nous de mauvais œil et qui reparaîtront dans le drame romantique ; l'émeute populaire, le tyran qu'on égorge dans la coulisse ; sur le devant, les longs récits, la noblesse endormeuse des discours ; la tragédie de Corneille dans le moule de Racine, mais sans les élans héroïques, la grandeur romaine de l'un, sans la passion profonde, l'exacte perfection de l'autre ; — la virtuosité enfin, à défaut de génie, c'est la tragédie de Colardeau... et, le dirai-je ? à peu de chose près, celle de Voltaire ; plus d'invention sans doute, plus d'adresse surtout, dans celui-ci ; — une forme plus pure, quelque chose, du moins, qui ressemble un peu plus à la poésie, en donne quelque idée, dans celui-là. Voltaire ne le lui pardonna point, sans s'avouer à lui-même qu'il pût être inférieur en quelque chose à quiconque de ses contemporains, sans que l'idée se pût offrir alors du parallèle que je risque ; mais la haine de Voltaire, plus perspicace que son esprit, nous avertit d'une rivalité possible, des valeurs à réviser.

*
* *

Présentée au Comité du Théâtre français, *Astarbé* fut acceptée tout de suite et devait traîner comme une procédure, non par la faute des comédiens, des comédiennes moins encore : la chose vaut qu'on la remarque, car les exigences de ces Messieurs ne sont rien auprès des caprices de ces dames. Elles furent cruelles aux plus grands. Cor-

neille eut beau gronder la *Marquise* ; il déplut, ce **vieil**
homme. Molière le supplanta sans peine, garda la **femme**
un moment, forma l'actrice ; Racine vint et la *Marquise*
encore — ou la Du Parc, avec armes et bagages, ses attraits,
son talent, passa dans son camp. Les deux Bejart, maîtresse,
femme légitime, donnèrent tablature au pauvre Poquelin.
Acteurs et actrices exaspérèrent l'auteur d'*Œdipe*, prompt
à prendre la mouche. Mlle Mars, la doña Sol d'*Hernani* joua
d'abord à Hugo la farce du *Lion généreux* : ne pas confondre avec le *Lion amoureux*.

Racine, au contraire, si maltraité de quelques grandes
dames, eut les actrices à ses pieds, tant elles étaient sûres
de triompher avec lui. Colardeau fut choyé des unes et des
autres : amour ou fantaisie, ce sont là mystères du **cœur**
féminin, peut-être simplement sympathie naturelle **pour**
cet enfant sans mère et si féminin de cœur, un **tendre**, un
volontaire, un malade.

La pièce reçue à correction, il part pour Pithiviers, afin
de la remanier à loisir. Il touchait à ses 25 ans, sa **majo-**
rité, à la gloire peut-être. Il secoua la poussière de la procure. Libre enfin !

*
* *

Retour à Paris, l'automne finissant. On devait donner
la « première » d'*Astarbé* en novembre, saison **favorable** :
les châteaux se ferment, les théâtres s'ouvrent ; la capitale
renaît au plaisir. Au temps fixé, retards, obstacles, partie
remise : les rôles non sus, toilettes et costumes à l'essayage ;
on taille, on coud, on recoupe. Dame Anastasie veut **des**
retouches, la première actrice également et les petits **bouts**
de rôle ont leur coquetterie de femmes. Les chers confrères médisent en douceur, les jalousies s'éveillent, l'intrigue se déploie : tout un drame se joue autour de la pièce
et contre elle aux antichambres des puissants dans **les**
bureaux et les boudoirs, chez Procope, partout. Novembre,
décembre se passent. Catastrophe le 5 janvier 1757, à Versailles : le canif d'un fou égratignant la lèvre du roi **faillit**

assassiner *Astarbé*. On y empoisonne un roi, Pygmalion ;
la tragédie est donc une apologie du régicide : la conséquence est nette. Coup de massue pour Colardeau d'être
mis au banc des accusés avec Damiens.

> Le jour n'est pas plus pur que le fond de mon cœur,

aurait pu dire cet Hippolyte. Son innocence triompha et
son œuvre fut épargnée.

En attendant qu'elle vît la lumière de la rampe et le clair
soleil de la publicité, il eut divers embarras. Faute d'avoir
pris des inscriptions en droit, il pouvait être requis pour la
milice et bien avant sa majorité. Cinq ans auparavant cette
menace l'inquiète (1) et peut-être n'avait-il songé à l'avocasserie que pour l'exemption qu'elle conférait. Des protecteurs s'employèrent ; efforts efficaces, car il n'est plus
question de cette épée de Damoclès, pique ou baïonnette
plébéienne qui le tourmentait fort, sans aucun attrait de
gloire. Un mal moins mythique, un mal, dirai-je, tragique
était sur ce chef aimé des Muses, non celles de l'*Hélicon*,
mais celles des salons — c'était plus grave — et l'avait
dépouillé de sa naturelle parure. Avoir vingt-cinq ans à
peine et le crâne rocheux du vieil Eschyle, sort cruel évidemment, qui n'épargne pas les têtes vulgaires. On en
prend son parti, mais alors on prenait perruque, solution
élégante, diraient les mathématiciens, mais coûteuse, il le
faut croire, car on se lamente, on promet de payer sur ses
économies, on renonce même à un habit bien nécessaire :
la perruque d'abord. Hélas ! les économies s'en vont,
comme les cheveux. Les mois s'écoulent ; le perruquier
attend toujours son argent. Colardeau se lance : il a des
dettes : il est donc homme de cour ou tout près de l'être.

Il est majeur (1757), fait aussi certain. Il peut manger
son bien allègrement et s'y emploie de son mieux. La maison paternelle à Janville, la terre de Boissay sont aliénées
d'abord ; d'autres immeubles suivront, des arrangements

(1) Ars. mss. 7572, p. 9. Au crayon : janvier 1752, date douteuse.

conclus en conséquence avec le frère, avec les sœurs et que
déterminera plus tard le compte de tutelle. Il brûle ainsi
ses vaisseaux, se coupant tout retour à la vie obscure de la
province.

*
* *

Astarbé parut enfin au théâtre le 27 février 1758. L'accueil fut froid, sans être grossier. Favart le constatait quelques mois après dans un opéra-comique en un acte, joué à
la Foire Saint-Germain, critique assez bien troussée des
pièces récentes. Cela ressemble fort à nos revues de fin
d'année. La Commère est ici un Compère. Nous avons
gagné au change. Et quel Compère ! une sorte de Croque-
Mort, un Juré-Pleureur, chargé d'enterrer sous quelques
flonflons les pièces mort-nées. Qui voudrait de ce pleureur ?
Sa complainte devait être drôle. On disait d'*Astarbé* :

> Elle n'était pas sans mérite
> Et promettait beaucoup.

Et le Juré de répondre en geignant :

> Cette pauvre petite
> A trop d'esprit, elle ne vivra pas.

Elle vécut quelque peu, s'étant relevée aux représentations suivantes. On l'écouta par sympathie pour ce débu-
tant qui avait conquis les cœurs et qui passait pour faire
de si beaux vers. Succès d'estime et suffisant pour inquiéter
Voltaire, qui, de loin, avec une attention jalouse, surveillait
la scène, où il prétendait régner seul, entre les vivants.
Corneille, Racine n'étant plus là, on leur faisait grâce, à
ce jeune homme, non, qui n'avait même pas sollicité son
patronage. A peine, çà et là, un mot de dédain ; mais la
colère se devine et s'amasse. L'auteur n'en sait rien, tout à
la joie d'annoncer aux siens le premier argent gagné, ce
qui touche le plus ces fourmis beauceronnes. « Le produit
de ma pièce montera à près de 4.000 livres, sans compter
les livres. » Entendez « livres de monnaie » et « livres
imprimés ». « Je compte vendre l'impression 1.200 livres

et 600 francs de livres. » Je substitue ici francs à livres,
pour plus de clarté. « Je ne pourrai, ajoute-t-il, en recevoir
le prix tout en argent. Les imprimeurs s'arrangent ainsi
avec les jeunes auteurs et je suis l'étiquette. D'ailleurs j'ai
le soin de me meubler la tête et d'avoir autour de moy les
secours littéraires accoutumés (1). » Les bouquins valaient
mieux sans doute que le crocodile empaillé d'Harpagon ;
mais les éditeurs en usaient comme le fesse-mathieu avec
cette jeunesse si riche d'espoir, si dépourvue de ce métal
que Ronsard célèbre avec enthousiasme, et que tant d'autres
affectent de mépriser :

> O trop enflé des mots de la Philosophie,
> Ne sais-tu pas que l'Or entretient notre vie ?
> Et que par son moyen au monde nous avons
> Pain, vin, chair et poisson, par lesquels nous vivons
> Pour ce ne me dy plus que l'Or est chose vaine
> Puisque seul il nourrist toute la race humaine.
>
> (Hym. 11.7.)

Colardeau se montait une bibliothèque, dont il avait
besoin plus qu'un autre, travaillant le plus souvent d'après
autrui. Ses lectures, plus étendues que judicieuses, quête
hâtive d'un esprit pauvre d'invention, allaient surtout aux
talents faciles et abondants, tel Ovide chez les Latins, aux
auteurs étrangers alors en vogue, le Tasse et Pope, par
exemple. Dante, on l'ignore ; Shakspeare, on le laisse à
Voltaire, plus tard à Ducis, l'héritier de son fauteuil académique, Ducis, qui, du reste, ne sait pas l'anglais. Colardeau le sait-il mieux ? Il n'importe guère à qui demande
seulement des thèmes, que l'on peut trouver dans une traduction. Et les traductions, que sont-elles alors que des
paraphrases où fleurit le contresens, de « belles infidèles »
toutes pomponnées, pailletées de clinquant ? Delille ira aux
nues avec les siennes dont Rivarol dira :

> Vous mîtes du rouge à Virgile ;
> Mettez des mouches à Milton.

(1) Arsen. 7573. Copies, p. 186 ; date au crayon : 21 mars 1758.

Colardeau, avant Delille, avait montré sa maîtrise en ce genre faux. Il emprunte à Ovide ce que ce gentil poète avait imaginé de pis, l'*héroïde* : c'est l'épopée ou la tragédie réduite à un monologue épistolaire, suivi parfois d'une réponse. Et sans doute il est des correspondances plus émouvantes que des tragédies. Encore faut-il qu'elles soient authentiques, ou seulement vraisemblables. Quelle apparence qu'une Médée, quoique magicienne, une Ariane, sur son rocher de Naxos, aient envoyé des messages d'amour à l'ingrat qui fuyait avec les vents loin de l'amante ?

> Ariane, ma sœur, de quel amour blessée
> Vous mourûtes aux lieux où vous fûtes laissée ?

C'est tout ce qu'elle pouvait faire. D'autres veulent qu'elle se soit consolée avec un dieu qui l'épousa: Médée se vengea. Didon, du haut de son bûcher, n'eut d'autres recours que d'adresser au ciel le cri de sa désespérance. On n'écrivait point. Nul service postal. Faute de papier pelure, on ne pouvait utiliser le pigeon cher à Vénus. Aussi quelle gratitude les victimes de l'archerot, son fils, ne doivent-elles pas à Cadmos, l'inventeur de l'écriture, aux Cadmos de nos jours qui ont multiplié à l'infini les moyens de bavardage ! plus de distances, rien qui s'oppose aux tendres roucoulements ou aux imprécations.

*
* *

Héloïse écrivait et fort bien, personne très savante et femme passionnée. A-t-elle écrit les lettres latines publiées sous son nom au xviie siècle (1), par François d'Amboise, un conseiller d'Etat ? Affaire aux érudits d'en disputer : poètes et conteurs n'en ont cure, le peuple non plus : la légende lui tient lieu d'histoire. Celle d'Héloïse et d'Abailard l'émut de tendresse. Sa pitié, plus que sa piété, fleurit encore au Père La Chaise un tombeau vide. Née sur la montagne latine, cette légende s'épanouit parmi la gent turbulente des escholiers qui s'enivrait de vin aux tavernes, de

____

(1) Paris, 1616, in-4.

sapience à la rue du Fouarre, d'amour un peu partout et qui volontiers poursuivait de terribles brocards les hommes d'Eglise.

> Où est la très sage Heloys
> Par qui fut châtré et puis moyne
> Pierre Esbaillard à Saint-Denys ?
> Pour son amour eut cet essoine.

Ce regret, Villon l'exprimait après trois siècles écoulés ; il retentit encore au fond de nos âmes. L'amour et le malheur, l'éphémère durée de tout ce qui fut beau, de tout ce qui fut grand, c'est la vie, l'éternel écoulement des êtres, des choses : source profonde d'une mélancolie qui, tout humaine qu'elle soit, n'a pas été toujours ressentie ni par tous. Le xviii° siècle ne la connut guère et Colardeau sans doute en fut peu touché.

Le fut-il davantage par la passion d'Héloïse ? Comprend-il cette femme au tempérament de feu, cette grande amoureuse qui fait son Dieu d'un homme, « l'Unique », le « Seigneur », celui qu'on « eût suivi jusqu'aux enfers », qui s'immole pour lui, préfère pour lui le nom de courtisane, un autre pire encore à celui d'épouse ; — cette « moniale », qui porte dans le cloître les brûlants souvenirs des tendresses partagées, qui s'autorise de l'Ecclésiaste pour ravaler la femme « plus amère que la mort » ; de Socrate et de Sénèque, pour exalter l'aimé, si petit auprès d'elle, et d'une âme si médiocre, avec les séductions du corps et de l'esprit ? Certes cette Héloïse n'est pas une féministe. A-t-elle été tout cela ? Il suffisait au poète qu'on l'eût montrée telle. Vérité ou fiction, ces lettres latines lui offraient un caractère d'une grandeur tragique. Hélas ! une fois de plus il nous souvient que Racine est bien mort.

Colardeau a préféré emprunter à Pope le sujet de *la Lettre d'Héloïse à Abailard*. « J'en ai fait une imitation plutôt qu'une traduction ». Il n'était pas le premier, il ne fut pas le dernier, mais le plus heureux et le plus applaudi entre tous les rimeurs. Un certain M. Feutry, Conseiller du Roi, Maire de Châtillon-sur-Loing, grave fonctionnaire de son voisinage avait occupé ses loisirs, sans beaucoup de succès, à un poème de cette sorte et donna peut-être à Colardeau l'idée de faire mieux. Il se met à l'œuvre avec entrain, la menant de front avec *Astarbé*. Il arrange Pope à la française, il corrige Feutry, trop provincial sans doute. Rhabillages depuis longtemps admis ou voulus par la mode. Thomas Corneille, un homme de mérite, n'eût-il pas l'idée saugrenue de rimer le *Dom Juan* de Molière ? Pradon avait sur le métier une tragédie de *Phèdre et Hippolyte*, alors que Racine travaillait à la sienne. De puissants ennemis de celui-ci avaient suscité cette misérable concurrence. Intrigue compliquée, méchante contrefaçon qui ne put nuire au chef-d'œuvre, mais nous en a dérobé d'autres, on sait comment. Voltaire à ses débuts refit l'*OEdipe* de Corneille vieilli, il en avait le droit, Corneille étant mort. Plus tard, il en usa vilainement avec Crebillon qui se survivait, reprenant les sujets où le Pégase poussif du pauvre homme avait achoppé, triomphe trop facile, insulte à la caducité. — Marmontel rajeunissait le *Wenceslas* de Rotrou. D'autres l'imitèrent. Plus habile que tous à ces rafistolages, qui ne sauraient suffire au théâtre, où il faut des passions, de l'action, Colardeau réussit dans l'héroïde. Il est, dit-il, « le bon faiseur » et ce mot définit son talent. Il sait le goût du jour. Or les deux amants avaient la vogue, il en profita. Un amour secret, puis légitime, de tendres épanchements auxquels « coupe court », — cela dit à la lettre — le crime d'un prêtre, les lamentations après « l'irréparable », une donnée scabreuse, une forme décente, un vers melliflu, des « pastilles du Sérail » noyées dans la sucrerie des périphrases, un verbiage distingué, des invectives contre la vie religieuse, de la philosophie, comme on l'aimait alors, voilà cette épître, de là son succès. De la grande Héloïse, la savante, admirée de Villon (car sage, pour lui, n'a pas d'autre sens), de l'élève qui profita si bien aux leçons du maître et qui savait grec, latin, tout ce qu'on peut savoir et d'autres choses encore, savante surtout par le cœur, de cette Héloïse qui eût donné tout pour être aimée comme elle aimait, qui refusait l'hymen pour conserver à son

amant les revenus d'une abbaye, qu'a-t-il fait ? une raison-
neuse sans préjugés, pour qui fortune, honneur, conventions sociales ne sont rien et qui philosophe avec tranquillité sur l'union libre :

> Tu le sais, quand ton âme à la mienne enchaînée
> Me pressait de serrer les nœuds de l'hyménée
> Je t'ai dit : « Cher amant, hélas ! qu'exiges-tu ?
> L'amour n'est pas un crime, il est une vertu.
> Pourquoi donc l'asservir à des lois tyranniques ?
> Pourquoi le captiver par des nœuds politiques ?
> L'amour n'est point esclave et ce pur sentiment
> Dans le cœur des humains naît libre, indépendant.
> Unissons nos plaisirs sans unir nos fortunes,
> Crois-moi, l'hymen est fait pour des âmes communes
> Pour des amans livrés à l'infidélité.
> Je trouve dans l'amour mes biens, ma volupté.
> Le véritable amour ne craint point le parjure.
> Aimons-nous, il suffit, et suivons la nature. »

A ce dernier mot vous reconnaissez le xviiie siècle. Il se
reconnut aussi, fut content. On s'engoua des deux amants.
Après Colardeau, Dorat rime une réponse d'Abailard à
Héloïse. Et le premier qui s'était proposé de l'écrire s'efface
devant son ami. L'art s'en mêle. J'ai sous les yeux une
gravure de Bartolozzi, d'après Cipriani : *la Rencontre d'Héloïse et d'Abailard aux Champs Elysées*, dénouement poétique et païen de cette horrible histoire : douce lumière
bonheur sans larmes, l'eau du Lethé a tout emporté, fors
l'amour. On songe à Paolo, à Francesca di Rimini. Ceux-là
furent coupables, mais pourquoi sans pardon ?

Enfin, voici venir, trois ans plus tard, *la Nouvelle Héloïse*
qui plonge dans l'oubli tout le reste, affole tout le monde,
nous endort aujourd'hui. *Habent sua fata libelli.*

Et Colardeau, n'en dirons-nous rien. Très content aussi.
Il a touché pour 3oo fr. de livres, de quoi nourrir son
esprit assez longtemps. Mais il faut que le « pot bouille ».
Avec quoi ? Lui le sait, l'oncle aussi. « On mangera le fonds
avec le revenu ». Mais après ? Trop de curiosité pour
l'heure.

VIII

L'AMITIÉ

Majeur depuis deux ans bientôt, notre poète est qualifié de « bourgeois de Paris y demeurant... » je ne complète pas l'adresse, qui change souvent, ce bourgeois n'étant pas de ceux qui ont pignon sur rue : tout au plus le logis de passage où le jeune homme abrite sous le ciel ses travaux et ses rêves de gloire. Se leurre-t-il de cette espérance ? Il n'en est pas à ses débuts et si la fortune lui est encore avare, il fait déjà figure dans le monde. Fréron le loue dans l'*Année littéraire*, patronage, il est vrai, compromettant auprès de la secte encyclopédique dont Voltaire est le prophète, mais Diderot l'estime et le reprend sans aigreur, d'Holbach l'invite à sa table, les acteurs lui veulent du bien, la Cour va l'accueillir. A tant d'intérêt il faut répondre par beaucoup de travail. Le succès de la *Lettre d'Héloïse* demande une réplique ; ce sera la *Lettre d'Armide à Renaud* (1758), imitée du Tasse et de Quinault, qui lui-même avait inspiré un chef-d'œuvre à Lully. Quelque vingt ans après, une autre *Armide* et plus belle, celle de Gluck. Écrasants voisinages pour la pauvre héroïde, reçue d'abord avec déférence, puis délaissée. En citerai-je quelques vers ? Renaud est endormi, Armide va frapper

> Mais que vois-je ? son front est couvert de poussière.
> L'ardeur du jour le brûle. O ciel que vais-je faire ?
> Une horrible sueur déjà le fait pâlir.
> Ah ! qu'un baiser l'essuie.....

Peu dégoûtée, l'enchanteresse, et combien niaise ! Au lieu d'invoquer le ciel, que ne prend-elle un mouchoir ? Fi donc ! Se peut-il rien de plus bourgeois ? — Ah ! oui, mouchoir, mot propre et qui déplaît, mais la propreté des lèvres, y songeâtes-vous ? La fleur de votre baiser sur cette face suante et rouge sans doute comme homard cuit, avez-vous perdu la tête, magicienne ?

*
* *

Colardeau l'abandonne : il a déjà d'autres projets, des soucis divers, en cette année 1759. « Ma chère sœur, mande-t-il le 1er février, je trouve enfin un moment favorable pour t'écrire. je suis depuis un mois sans résidence, allant et venant continuellement de Paris à Versailles. j'ai été chargé de faire pour les enfans de France des complimens rélatifs (sic) au gâteau des Rois. les vers que je vous envoye vous mettront au fait. ils m'ont fait honneur et m'ont procuré mon entrée à la Cour chez M. le Dauphin et nos jeunes princes. Madame de Marsan vient encore de me charger nouvellement de leur faire un petit Drâme allégorique pour le Carnaval. j'y travaille et j'ai tout lieu d'espérer que ce ne sera pas infructueusement pour ma fortune que j'ai reçu des témoignages de protection de nos augustes enfans et de M. le Dauphin... tout cecy doit prouver à mon oncle qu'il m'a fait une leçon qui ne portoit sur rien, lorsqu'il me présageoit que mes epîtres nuiraient à mon avancement et m'ôteroient la considération publique. »

Que les héroïdes aient scandalisé le bon curé, il y avait de quoi. Il en verra bien d'autres. Il nous fâche de constater chez le neveu certaine inconscience morale, avec un goût si timide et tant d'empressement vers la fortune. Toujours ce vilain mot : fortune. Il sonne mal à des oreilles soucieuses de la dignité de l'homme de lettres et du bon emploi des talents.

Mais quels sont ces Enfants de France dont la protection est de si haut prix ? L'aîné, le duc de Bourgogne, a huit ans. On le salue déjà d'un : « Tu seras roi » ; mais la Mort est là, invisible et présente et dit : « Non ». Deux ans plus tard, il descendra aux caveaux de Saint-Denis, avant son père, avant l'aïeul.

Le duc de Berry, Auguste, du nom de son grand-père maternel, l'électeur de Saxe, est né six mois après la mort d'un second fils du Dauphin et de Josèphe de Saxe, le duc d'Aquitaine. On a dit au premier, en lui donnant la fève.

> Mais songez que pour être heureux dans la splendeur
> Il faut par sa sagesse égaler sa puissance
> Et peser ses vertus au poids de sa grandeur.

Galimatias métaphorique : la grandeur, on la mesure, on ne la pèse point, ô poète. La métaphore, voyez-vous, et l'abstraction et les adjectifs, c'est le chiendent de la poésie, cela étouffe tout, si l'on n'y prend garde. Que pensez-vous aussi de *sa, sa, sa, san* au second vers ? Ce puîné s'appellera Louis XVI. Il voudra le bien de son peuple. Sera-t-il heureux ? On présente à ce gros joufflu de cinq ans à peine la province de son apanage, figurée par une prairie où des bergers font paître leurs troupeaux. On lui enseigne (un peu tôt) que les premiers rois étaient bergers.

> Paisibles souverains du monde en son enfance,
> Ils gouvernaient leur peuple et cultivaient leurs champs.
> Ils fondaient sur l'amour les droits de leur puissance.
> Que les hommes, mon fils, sont devenus méchans !

Louis, s'il a jamais lu ces vers, dut trouver au dernier quelque chose de prophétique, un singulier rapport avec sa destinée ; mais, pour nous, que d'erreurs ! Méchants, les hommes le furent. *Homo homini lupus.* Bons aussi, les hommes comme les loups aimaient leurs femmes, leurs petits ; leur amour plus durable fonda la famille, les mit au-dessus de l'animalité. Les *patriarches*, pères de la tribu, bergers, nomades, ne cultivaient pas les champs, mais les donnaient à tondre à leur bétail. Les *rois* ou *basileis* furent les premiers possesseurs de la terre, « pasteurs des peuples », « mangeurs de gens », leur sceptre était le bâton qui gouverne le troupeau et châtie Thersite ; leur royauté, c'est la force.

Le comte de Provence, Stanislas-Xavier, né en novembre 1755, n'a guère que trois ans. Minerve lui offre, au nom de

la Province « l'olive de la paix et les plus belles fleurs ».
Elle le complimente et sur quel ton !

Chaque jour, chaque instant ajoute à vos vertus.

Les vertus d'un bambin de trois ans ! Heureux les princes
à qui le ciel est si prodigue ! Elle vaticine enfin, oubliant
toute sagesse.

J'ignore pour quel rang les Dieux vous ont fait naître,
Mais aux plus grands destins il faut vous préparer.
Soit prince, soit monarque ou conquérant peut-être
On vous aime, mon fils ; faites-vous adorer.

« Tu seras roi ». Ce fut vrai, mais à quel prix ? Comment prévoir qu'il faudrait tant de sang pour que ce destin
se réalisât ? Conquérant, l'hydropique majesté de l'émi-
gration, celui que Chateaubriand vit faire son entrée
solennelle à Notre-Dame le 3 mai 1814, un régiment de la
vieille garde formant la haie sur son passage ! « Invalide
du temps, non de la guerre », c'est à ce débris sans gloire
que ces vainqueurs du monde, grinçants de courroux,
durent présenter les armes. Nous voilà loin du petit
Provence et de l'officieux rimeur qui peut-être a fait
trembler d'effroi par l'excès de sa louange une épouse, une
mère. Ah ! ne leur parlez pas trop de conquêtes et de suc-
cessions royales, à celles dont le cœur pouvait déjà s'alar-
mer, car l'histoire avait pour les instruire de terribles
leçons.

Colardeau ne porte pas si loin ses vues. Il s'agissait pour
lui d'offrir un encens rémunérateur. Très content de ses
vers, il ne doute point d'avoir satisfait ceux pour qui il
demande l'adoration des peuples. » Indépendamment des
persécutions de mes honnêtes confrères en littérature je
jouis ici plus que jamais de l'estime généralle (sic). Il ne
manque à mon bonheur que d'en voir mon oncle un peu
mieux persuadé (1) ». Il veut en faire à sa tête, mais il veut
qu'on l'aime : désir d'une belle âme, après tout. Erreurs
de l'esprit, petits intérêts, petites vanités, nobles sentiments : tout cela se peut loger dans les mille replis du moi.

(1) Ars. mss. 7573 l. a. s. (A Paris, 1er fé. 1759).

*
* *

Un logement pour une ou plusieurs personnes a moins
de détours, mais il faut le trouver et l'on peut courir longtemps à sa recherche. Déambuler du matin au soir, l'œil
au ciel comme un astrologue, et les pieds dans la fange ou
dans les tas d'ordures, entrer ici, puis là, puis ailleurs, chapeau bas, la main à la poche, parlementer, faire des bas-
sesses et des ascensions, offrir la galette à Cerbère, à la
façon du *pater Æneas* » cette galette qu'une cruelle litote
nomme aujourd'hui « denier à Dieu » et qui naguère eût
payé une maison des champs : ces tournées de Juif-Errant
dans la grand ville, Colardeau paraît les avoir connues et
même y avoir pris plaisir, ainsi que maint étudiant au dernier siècle ; car la jeunesse est forte de sa joie, riche d'espérance et son charme, mieux qu'une clef d'or, ouvre bien
des portes. Je parle au présent pour ne point paraître trop
un homme d'autrefois. Vous me redresserez, si j'ai tort.
Colardeau dit : « je compte entrer avant 15ne (quinzaine)
dans mon appartement. j'écrirai dimanche à mon oncle à
ce sujet. Ce nouveau domicile était sans doute « rue de la
Harpe près de la paroisse Saint-Côme » selon qu'il appert
du compte de tutelle dressé quelques mois plus tard
(8 octobre 1759). Il y arrivait, j'ai lieu de le croire, avec un
ami. De là son impatience de pendre la crémaillère et le
soin qu'il dut se donner pour un aménagement convenable. Il était riche des munificences royales. Amitié passe
richesse. Il avait un ami, il en eut même deux. Il pouvait
donc dire aux siens son bonheur.

*
* *

Logé, en 1757, non loin des Grands-Augustins, il passait
souvent par le cloître du couvent. Un jeune peintre travaillait dans une des salles. Il s'arrêtait volontiers à considérer l'œuvre et l'ouvrier, non pas avec l'importune curiosité
qui bourdonne des sottises, mais avec cette sympathie intel-

ligente qui sait que les Muses, comme les Grâces, se tiennent par la main et que tous les Arts avec des moyens d'expression différents, ont pour objet le beau. On se parla, on se plut. Le poète vint souvent dans l'atelier ; le peintre le visitait dans son « studio ». Nulle rivalité, des talents chez tous deux, même ambition de parvenir. Pourquoi ne pas vivre ensemble et bourgeoisement, se mettre dans ses meubles, faire figure de gens bien posés, de bonne vie et mœurs ? Plus de gargote et de garni. L'idée les enchante et l'on tope à tout pour l'agrément de l'un et de l'autre. L'amitié surtout devra fermer la porte à l'amour, ce trouble-ménage.

Né à Paris en 1726, Doyen avait six ans de plus que Colardeau, une constitution saine, une trempe plus forte, plus d'élan vers la gloire, de l'application surtout, cette longue patience qui est la moitié du génie. Encore faut-il qu'elle soit dirigée. Fils d'un tapissier, petit-fils, par sa mère, d'un potier d'étain, il voulut être peintre. Elève, à douze ans, de Carle Vanloo, à vingt ans prix de Rome, il revint en France en 1755 et s'imposa tout de suite à l'attention publique. Dirai-je qu'il la força par un moyen grossier, aujourd'hui bien connu, mais dangereux ? car le succès d'un jour de vernissage, voire de quelques semaines a souvent de tristes lendemains. Etalez une toile de 40 pieds de long, comme le fit Doyen le 5 août 1738, avec sa *Mort de Virginie*, vous êtes sûr de ne point passer inaperçu, mais craignez d'irriter le public, les critiques, les concurrents à qui l'on mesure la cimaise, et de mettre en fuite les acheteurs les plus intrépides. Il n'en fut rien. L'artiste était sérieux, conscient de sa valeur ; il visait au grand et se fit agréer à l'Académie. Quant au tableau, la cour de Parme l'acheta.

Très répandu dans le monde, académicien l'année suivante, il donna un peu plus tard son chef-d'œuvre en peignant pour Saint-Roch la Peste des Ardens, d'un réalisme vigoureux, fruit de longues études et d'observations passionnées dans les hôpitaux, auprès des malades et des moribonds.

Portés l'un pour l'autre du meilleur vouloir et dans cet âge heureux où l'on met hors de soi les raisons de vivre — et même avant le temps de l'égoïsme à deux, dont il faudra bien dire quelque chose, — Doyen et Colardeau se donnèrent un mutuel soutien, médiocrement fortunés, riches d'espoir et de gaîté, unissant leurs efforts pour résoudre le problème quotidien de l'existence, échapper au morne ennui de la solitude dans la fourmilière parisienne et à la dissipation d'une camaraderie sans choix. Mais ils vécurent dans le faux et furent asservis à la mode ; très habiles dans le métier, ils ne trouvaient point, parmi les élégances du siècle, la haute inspiration et le sentiment profond de la vérité. Leur classicisme est nourri de mauvaises traductions et emprunte son décor à la tragédie. Le peintre d'histoire ignore l'antiquité, le poète ignore la mythologie et les littératures d'où il tire ses paraphrases. Le premier est un David venu trop tôt ; le second un rejeton de Racine, poussé dans l'arrière-saison et qui s'étiole en serre chaude.

Célibataires et cependant épris de la paix du chez soi, ils eurent, quelque temps, un intérieur aimable : rien qui sentît ce qu'on appela plus tard la bohême plus ou moins galante. Doyen était l'aîné, l'ami de bon conseil et de bon exemple, toujours à la tâche ; Colardeau, un Benjamin souffreteux, sensible à toute piqûre d'amour-propre, démonté pour un rien et, l'instant d'après souriant d'aise, déployant ses voiles vers l'avenir. Séparés plus tard par les vents de la fortune, ils furent toujours unis de cœur, amitié bien rare et que, seule, brisa la mort du poète. Autre bonheur encore et bien court, le voici.

*
* *

Dorat et Colardeau n'habitèrent jamais ensemble, que je sache, et leur amitié paraît n'avoir eu ni commencement ni fin ; l'amour vint la suspendre par moments, sans la rompre. Moins cruelle, cette fois la mort en deux coups

très proches, les a pour toujours attachés l'un à l'autre. Ils
auraient pu dire, comme ces enfants dans les Bucoliques
de Chénier :

> Nous avons mêmes jeux, nos âges sont les mêmes.

Dorat a deux ans de moins que Colardeau et lui survit
quatre ans (1). Ce sont bien des enfants et qui se diver-
tissent à des frivolités. La vie n'est pour eux qu'un jeu
de rimes. Ils font des vers et ne savent autre chose. Ils
ne pensent guère et ne sont que des échos affaiblis de la
pensée d'autrui. Enfants, il leur faut des caresses. Ils
veulent qu'on les aime et ils aiment pour avoir occasion de
le dire en mots cadencés. Enfants, ils sont gâtés par les
femmes. Enfants terribles parfois, les hommes ne les épar-
gnent point et ils sont surpris et affligés de trouver autour
d'eux des méchants. Point boudeurs, ils disent : « amis,
amis » à qui les a fouettés. Ils adorent les bonbons, les pom-
pons, les flonflons. Un rien les amuse, un rien les effraie...

Si semblables l'un à l'autre, on dirait deux jumeaux et
pourtant l'humeur diffère. Diversité fait l'amitié : du trop
ici et là du manque, juste balance. Il faut que l'on ne soit
point toujours d'accord et que l'on conteste

> La dispute est d'un grand secours :
> Sans elle on dormirait toujours.

Il faut que l'un morigène et que l'autre geigne ; que celui-
ci soit sage, celui-là fol. Le sage, tout à l'heure, c'était
Doyen ; c'est maintenant Colardeau : renversement des
rôles. On est toujours le sage de quelqu'un dans l'univer-
selle folie.

Notre Beauceron sait le prix de l'argent. S'il grignote
son bien, il pense au viager ; si le théâtre ne lui vaut que
déboires, il renoncera au théâtre ; la Cour et le monde lui
donneront plaisirs et profits.

Dorat, au contraire, est la Cigale du Bonhomme, non

(1) Colardeau, 1732-1776 ; Dorat, 1734-1780.

certes la « chaste buveuse de rosée ». Il se lève trop
tard pour connaître ce breuvage. Nul besoin de lui dire :
« Dansez ! » cela est de son ressort. Né riche et bien
portant, il met toute son application à ruiner son corps,
à vider sa bourse. Il y parvient au bout de trente
années, car il faut bien compter environ quatorze ans
de première innocence. Il a fait pour cela des milliers
de vers, longs ou courts, légers ou lourds, plus je ne sais
combien de pièces de théâtre. Pour être imprimé, joué,
applaudi, il payait éditeurs, graveurs, acteurs, claqueurs :
c'était le grand jeu et qui mène à l'hôpital. Il eut la chance
de ne point finir là. Une erreur, une seule, dans son cal-
cul : on n'achète pas les lecteurs ; ceux-ci vous achètent
mais pour l'image ou la peau de l'animal. Grimm, le plus
Français des Allemands, aura ce mot dur : « ... le poète
voudrait nous vendre ses *Baisers* un louis, si nous étions
tentés d'acheter un repentir. » C'est fort bien dit, mais
vous auriez mieux fait d'être moins avare. Un louis les
Baisers d'Eisen ! Et vous n'avez pas sauté là-dessus ? C'était
pour rien. Savez-vous ce qu'on les paie aujourd'hui, ces
Baisers ? 12.500, plus les frais 17.50 %, plus le 5 % de
commission, plus le port « et autres menus coûts ». C'est
toujours pour rien, puisqu'on achète. Pauvre Dorat,
pauvres petits bibliophiles du temps présent, qui n'ont
plus même du « marché aux puces »... que les puces !

*
* *

En octobre 1759, Colardeau est à Pithiviers pour recevoir, approuver, signer, parapher, ainsi que ses sœurs, le
compte de tutelle. Née en 1734, la cadette, Marie-Anne,
vient d'atteindre sa majorité. Boissay, de deux ans plus
jeune, est au couvent ; il a reçu sa part, ne compte plus
dans la vie civile. Le tuteur est au terme de sa gestion, qui
a duré quatorze ans. Il a tout inscrit en livres, sols et
deniers : capital immobilier et mobilier, revenus ; dépenses
pour l'éducation, reprises des sœurs sur le frère, rentes
dues aux uns et aux autres, frais de toute nature. Rien n'est

omis : détail trop long où je me perdrais. J'ai dit le princi-
pal. J'ajoute que tout se fait à l'amiable, sur papier libre,
sans intervention d'officier ministériel. Cet oncle est
homme d'affaires consommé autant qu'intègre. Quelle
croix pour lui de voir son enfant livré à la bagatelle, à tous
les hasards de la vie parisienne ! Etre si intelligent, si bien
« éduqué », avoir de belles et bonnes terres au soleil, terres
seigneuriales, terres en roture, du comptant même, et ne
savoir qu'aligner des rimes !

*
* *

Colardeau revient à Paris, où ses ennemis lui donneront
bien du tourment pendant trois années d'activité littéraire
assez grande (1760-1762). L'amitié est choix ; exclusion par
conséquent et les exclus étant le nombre sont à craindre. On
vous en veut de vous suffire à deux ou à quelques-uns :
témoignage de mépris pour les autres et qui appelle sur
vous des vengeances. Malheur aux écrivains qui se séparent
de la bande ! Si vous n'avez bec ou crocs, on vous déchire
sans pitié. Si vos œuvres n'obtiennent pas l'acclamation
qui couvre les clabauderies sans les étouffer, on vous siffle
à qui mieux mieux. Et je ne parle pas de ceux qui montent
à plein vol vers la gloire : tel un Corneille. Quels coasse-
ments dans la mare aux grenouilles ! — Dorat et Colardeau
n'offusquent personne, s'ils blessent quelques-uns par
inadvertance, comme il arriva fréquemment au premier.
Ils se tiennent à l'écart des coteries, qui ne furent jamais
plus féroces. Les mœurs d'aujourd'hui, dans ce monde-là,
paraissent plus douces. Ne pas s'y fier trop. Le lauréat d'un
prix littéraire, me disait de certaines compétitions : « C'est
la guerre au couteau », guerre de langues affilées, toujours
aussi méchantes, mais moins audacieuses, étant moins
impunies. Au xviiie siècle, c'était la guerre au stylet, le
style des anciens, plume d'oie, pointe à égratigner le cuivre
où mordra l'eau forte, burin qui taille, crayon qui court :
de là tant de couplets, de pamphlets, d'images satiriques :
de l'esprit sans doute et souvent beaucoup, mais de la bave,

de la sanie, de l'ordure plus encore ; de la calomnie, flot noir qui charrie les immondices du siècle et va tomber dans « l'enfer » des bibliothèques, mais s'égare ailleurs et tout empoisonne.

La guerre n'est bien des fois que simple escarmouche. Que le dieu du Goût formule ce commandement :

> Dorat en tous lieux honniras
> Et Colardeau pareillement (1).

Méchanceté bien anodine qui ne séparant point les deux amis ne blesse qu'à moitié ; mais l'auteur de *Caliste* (1760), de l'*Epître à Minette* (1761) et du *Patriotisme* (1762, in-4°), va se trouver en proie aux critiques, feuillistes, graveurs d'estampes répugnantes.

Caliste fut sa seconde et dernière tragédie. Il y avait mis tout le soin possible, ayant passé tout l'été à la campagne chez un de ses protecteurs, non pas tant, comme il le dit, pour éviter de prendre parti dans les querelles des philosophes et de Fréron, que pour travailler en toute tranquillité. Il n'avait pas confiance. « Je suis de retour depuis quinze jours et je demeure chez moi... dussai-je être boudé par vous et par mes sœurs. Vous m'auriez vu cet automne si le tripot comique ne me tenoit en l'air pour ma pièce que l'on veut mettre au théâtre vers le milieu de novembre, saison favorable... plaignez-moi. adieu ma tête et mon repos.. mes transes sont affreuses, les comédiens ont la fureur de dire du bien de mon ouvrage, et je crains un public trop prévenu. il exige trop. une chute lourde m'ecraseroit. oh ! le chien de métier ! » Pourquoi y revenait-il ? Un grand capitaine a dit : Une bataille perdue, c'est une bataille que l'on croit perdue. » Battu, Colardeau devait l'être et le fut. Donnée pour la première fois le 12 novembre 1760, *Caliste* eut six représentations et disparut.

Aussi quelle idée malheureuse d'emprunter aux Anglais un sujet ! L'analyser ? non ferai-je. Vous renvoyer au début d'un conte de Voltaire trop peu gazé, quel rôle pour moi, quoique vous ne soyez point des enfants. Je préfère encore

(1) *Chansonnier historique*, VIII, p. 127.

n'avoir pas de truchement. Un vaillant guerrier aime follement Caliste. Il est aimé. Dans l'emportement de sa passion, il entre par surprise dans une citadelle qui ne demandait qu'à se rendre. Coupable, il est tout prêt à réparer sa faute. Eh bien ! mariez-vous et que cela finisse. — Suis-je assez clair ? — Non, ce n'est pas la fin, le prologue seulement.

Sur ce thème trop galant, mettez le lourd manteau d'une tragédie politique : une noire conspiration contre un tyran qu'on ne voit pas, une émeute où le criminel adoré périt sous le fer d'un futur exécré ; mettez cette tête charmante sur un lit funèbre et dans le caveau même où cette Lucrèce pleure à la fois sa honte, sa mère et son amant, où un père hors de sens apporte la coupe de poison, puis une grâce tardive, moutarde après le dîner... quel méli-mélo et quel ennui ! Or quand les Français s'ennuient, c'est grave : bombes dans la rue ; au théâtre, pommes cuites.

On les épargna à un auteur estimé. Voltaire fut-il satisfait ? Vieux alors, éloigné de Paris, il avait redouté un jeune rival, le détestait d'avance, avec des feintes de modération. Il écrivait, le 25 novembre 1760, à d'Argental : « Pour le Colardeau, je ne le connais pas ; on dit qu'il fait de très beaux vers ; il occupera longtemps Mlle Clairon. Est-il bien vrai qu'elle arrive sur le théâtre violée ? C'est dommage que cette action théâtrale ne se soit pas passée sur la scène ; cela est plus plaisant que l'échafaud. » Il n'y va pas par quatre chemins. Il écrit lettre sur lettre au comte, à la comtesse : cette pièce l'inquiète. Enfin, le 15 décembre, la sachant enterrée, il exulte : « Ah ! mes chers anges, j'ai bien peur qu'on ne corrompe entièrement la tragédie par toutes ces pantomimes de Mlle Clairon... Il n'y a que les convulsionnaires qui se roulent par terre. J'ai crié quarante ans pour avoir du spectacle, de l'appareil, de l'action tragique, mais *demandavo acqua, non tempesto*. — Et puis comment le public français peut-il adopter la barbarie anglaise, le viol anglais, la confusion anglaise, la marche anglaise d'une pièce anglaise ? Pauvres Français vous êtes dans la fange de toutes les façons, et j'en suis fâché » —

Lui ? Il jubile. On a voulu chasser sur ses terres, on est tombé dans un marécage, il ricane. Et les Velches, depuis qu'il n'est plus là, il les donne aux chiens.

*
* *

Que dire de l'*Epître à Minette* et du poème sur le *Patriotisme* ? — Cette minette dois-je la compter parmi les amis du poète ou ne voir là qu'une « Iris en l'air », comme en ont les auteurs les plus continents ? Il y faudrait ajouter les serins, qui reçoivent aussi ses confidences ? Une chatte, des oiseaux, un ami, pourquoi pas ? Témoignages parlants, peut-être trop parlants, des habitudes d'un célibataire rangé. Que ce soit à l'honneur du nôtre. Tenons-le pour un homme de ménage. Si deux amis ne lui suffirent pas, c'est « qu'on n'est heureux qu'avec une bonne femme », dira l'auteur de la *Chaumière indienne*, ce Bernardin qui eut deux fois ce bonheur et deux fois ne fut qu'un mari bourru. Colardeau, dans le délabrement de sa pauvre carcasse, aurait-il été un bon mari ? Il est permis d'en douter, sans nulle intention d'épigramme. Et puis à bon mari Mégère peut échoir en légitimes noces, voire simplement une Xantippe acariâtre ou tempétueuse, qui n'était pas sans excuse, son bizarre époux amenant chez lui trop d'amis pour dîner, « à la fortune du pot ». Et quel menu, par Castor ? Lentilles toujours. Humiliation pour la ménagère. Et, comme assaisonnement, des discours éternels où elle n'avait point part : quel outrage ! Non l'hymen n'est pas toujours favorable au métier d'auteur. Heureux celui que l'amitié console ou conseille. Celle de Virgile et d'Horace qui ne furent point mariés, de Montaigne qui le fut si peu et de La Boëtie, de Racine et de Boileau honore ces grands hommes à peu près autant que leurs œuvres, qu'elle a plus ou moins suscitées, qu'elle illumine et fait plus vibrantes. Les anciens plaçaient parmi les astres des figures chères, vouées à la pieuse admiration des mortels : idée touchante, mythes radieux. Ne pourrait-on supposer quelque puissant télescope découvrant, identifiant des nébuleuses par milliers ou par milliards (la danse des milliards n'est pas pour effrayer les astronomes). On enverrait à ces inconnues d'hier l'hommage de notre globe terraqué... et détraqué. Je n'ose affirmer que cela les flatterait beaucoup, mais que d'occupation pour les vivants ! que de noms à trouver ! Ces parfaits amis ne seraient-ils pas dignes d'avoir leur constellation ? Ma rêvasserie se plaît à voir, en un ciel plus vaste ces nouveaux Dioscures. Que sont-ils ? vers luisants dans les champs de l'espace.

Hélas ! il faut revenir aux vilenies d'ici bas, puisque Colardeau en fut la victime. S'il aime les bêtes, c'est qu'il a souffert des méchancetés humaines. Bachaumont veut que l'*Epître à Minette* soit une réponse amère et niaise aux critiques qu'avait soulevées « la pièce sur les Vaisseaux ». Il se trompe : la lettre à la chatte avait précédé le poème. Le *Patriotisme* (donnons-lui son titre vrai) est de janvier 1762 et l'Académie, cette année-là, enregistre le mot, décision où Colardeau fut peut-être pour quelque chose. Quant au sentiment, ceux-là l'ignorent qui nous traitent de Velches et prennent allègrement leur parti de notre défaite. Il n'est pas de leur bande. Il est avec Choiseul, avec les bons citoyens qui s'imposent un tribut pour donner à la France une nouvelle flotte : on le raille, on le bafoue. Voltaire n'est pas son idole : on crie au sacrilège. Deux frères, pour venger le Dieu, jettent au poète l'insulte la plus vile, une image illustrant des vers de la Pucelle. Ici ma plume tombe et je vous renvoie à la Bibliographie de la Presse périodique de Hatin, p. 49.

Un P. S., encore, s. v. p. Pour ne pas finir par cette ignominie, j'aurais voulu coudre ici quelques alinéas supplémentaires *sur l'amitié*, dont me parlait hier le livre de l'un de nos Collègues et de façon si prenante que je fus induit en tentation de bavardage : de là même un feuillet bis et ce papillon sournois. C'est déjà trop. Nouveau renvoi, partie remise : Colardeau n'est pas mort, Dorat est bon vivant. L'amitié féminine, la meilleure, a pour eux bien des sourires et fera rayonner sur leurs jours finissants un doux crépuscule.

IX

LE PORTRAIT

Le 25 novembre 1760, le jour même où Voltaire, on l'a
vu, relançait d'Argental au sujet de *Caliste*, Diderot adres-
sait à Mlle Volland ce croquis : « Je dînai chez le Baron (1)
« avec l'auteur de *Caliste*. Il n'a pas une once de chair sur
« le corps ; un petit nez aquilin, une tête allongée, un
« visage effilé, de petits yeux perçants, de longues jambes,
« un corps mince et fluet. Couvrez cela de plumes, ajoutez
« à ses maigres épaules de longues ailes, recourbez les
« ongles de ses pieds et de ses mains et vous aurez un tier-
« celet d'épervier ». — Maître Denis bat la campagne ; sa
tête, vrai moulin à vent, tourne, tourne. Vous croyez qu'il
a vu Colardeau, ses doigts de pieds et le reste ? Nenni. Il
assiste à une métamorphose, il opère lui-même. Le poète
se mue en oiseau de proie. « *Pécairé !* », dirait-on sur la
Cannebière. Tiercelet, ce pauvre petit ? Il aurait eu du sang
aux ongles, on l'eût moins attaqué. Tiercelet ! Il me souvient d'en avoir blessé un... sans le vouloir, moi qui, le
fusil à l'épaule, tuais surtout le temps, aux *ramières* dau-
phinoises, aux garrigues provençales, et voyais parfois un
lièvre trottiner philosophiquement devant ma distraction.
Il me fallut achever ma vilaine besogne et ce jour-là, je
vous le dis, j'eus honte d'être un homme.

Vous plaît-il encore un morceau de portrait ? c'est mon
gibier, non de ma chasse. Un abbé a dîné chez Fréron avec
notre auteur. On dîne toujours en ce temps-là, et le plus
souvent hors de chez soi. On dîne, on soupe et les abbés
sont de tous écots. Singuliers abbés, ils paient en esprit,
monnaie de singe, ou en complaisances équivoques, mon-

(1) D'HOLBACH.

naie du diable. « L'abbé du Port du Tertre, nous dit-on, a
amené une beauté facile que Colardeau effarouche par sa
face taillée en lame de couteau, sa maigreur surnaturelle,
son teint de moribond » (1). Celui-là, du moins, ne nous
mène pas au Muséum. Colardeau était maigre, il était pâle :
nul doute à cet égard ; mais comme signalement, c'est
mince.

*
* *

Un portrait à l'huile ou à l'eau, pastel ou dessin, il nous
faut quelque chose. Colardeau écrivait le 1er février 1759 :
« Vous recevrez la semaine prochaine les livres de mon
« oncle et mon portrait. J'ai reçu cinq chemises, tu rece-
« vras ma sœur vilard une tabatière. passe-moi le désordre
« de cette lettre. je t'écris au pied levé et j'ai un peu d'hu-
« meur » (2). Voilà beaucoup en trois lignes. Livres, tabatière ont fait plaisir assurément ; les chemises non moins.
Le portrait nous intéresserait davantage et nous en voulons
à l'original de ne pas nous renseigner sur l'œuvre et l'ouvrier. De qui cette *pourtraiture* ? De Doyen ? On l'aurait
nommé : un si bon ami ! L'esquisse de tel ou tel écrivain,
rien de plus pour le moment : maigre pitance.

Douze ans plus tard, un artiste apparaît dans les *Salons*
de Diderot, qui l'exécute en une phrase tranchante, c'est
Voiriot : « Il peint mal et ne fait pas ressemblant ». Pardon, cher maître. Vous oubliez le *distinguo*, les preuves
tout autant. Peindre bien, affaire de métier, dont tout le
monde, plus ou moins, est juge, puisqu'on expose. Quant
à la ressemblance, qu'en savons-nous ? Qui décidera ? Elle
peut se trouver dans une croûte et la plus belle photogra-
phie sera matière à dispute. Voiriot eut de la vogue : fait
certain. Son portrait de Colardeau fut souvent gravé. Voir
l'édition de 1779 : buste de trois quarts à droite, dans une
bordure ovale. Signature : C. V. D.

(1) Raoul ARNAUD, *Le fils de Fréron*, 1909, in-8, p. 34.
(2) D. DIDEROT, *Salon de 1771.* Edit. Asserdux, p. 487.

En 1775, autre effigie du poète, un profil dessiné par Trinquesse, gravé par Landon, Mme Lingée et Pruneau, à des dates diverses. Trinquesse, un de ces petits maîtres du xviiie siècle tout pétris de grâce, si sûrs en leur fantaisie et dont les tableautins, pour avoir été les amours d'une époque, furent sacrifiés d'abord aux grandes machines des Doyen, j'ai regret à le dire, plus tard à celles des David et autres « Romains » pompeux et même « pompiers », machines aussi vieilles à présent que celle de Marly. Les tableautins ont repris faveur et l'on jette, pour les posséder jalousement, billets bleus sans compter, fort jolies vignettes, à trop grand tirage, hélas ! de la Banque de France.

Trinquesse fut en estime ici. Notre Bizemont avait de lui d'intéressantes pièces (1). Il en grava une en sanguine que vous avez pu voir à la vente Herluison (2). Certaine *Femme à la Jarretière* (« Honny soit qui mal y pense ») n'y eût pas figuré, si certain amateur n'avait été trop raisonnable, trop pot-au-feu, quand notre Elzévir de la rue Jeanne-d'Arc, si accueillant aux néophytes des études orléanaises, la lui cédait au prix de... Non, ne parlons pas de prix, par pitié, pour celui qui n'eut pas l'esprit d'être fol au bon moment, de cette folie qui prévoit et devine et seule est capable d'arriver au grand. Un Allemand vint de la rue Richelieu, qui enleva la belle. Et le pauvre soupirant en fut pour sa concupiscence, moins touchant que Rachel, aussi désespéré, « ne voulant point de consolation, car ils ne sont plus », ces petits, ces amours de petits tableaux dont notre ville se faisait honneur autrefois. Et l'on nous chante : « Ils sont chez la voisine » ou le voisin, « mais ce n'est pas pour nous ». Quant au Colardeau de Trinquesse, je n'ai rien pu savoir de sa destinée.

Contentons-nous du portrait gravé d'après Voiriot. C'est un Colardeau stylisé sans doute pour le plaisir des yeux et la nécessité d'une image synthétique, définitive ; un Colardeau assez ressemblant, je le crois, contre l'avis du cri-

(1) Catal. Davoust, n°s 1340-1345.
(2) Vente Herluison, 1910, n° 563.

tique ; il peut avoir de 3o à 4o ans et n'a rien du Colardeau
épervier éclos de la cervelle de cet Olympien en robe de
chambre. Admettons, pour tout concilier, que le poète se
soit un peu remplumé durant cette décade, se trouvant ainsi
en état de plaire aux femmes, car il a plu, *Cantavit et pla-
cuit*. La femme est en cela juge et partie ; il n'est comparai-
son, ornithologie, esthétique qui tienne contre ses préfé-
rences.

Colardeau a plu, non avec la suffisance d'un dom Juan
qui n'aima jamais que lui, non avec les frémissements d'un
béjaune qui aspire et soupire et transpire, sans oser. Or la
femme veut qu'on ose, car elle aime la force et parfois qu'on
la force (V. *Caliste*). La timidité plaît en un chérubin qui
ne sait et larmoie sur l'air de *Malborough*, alors en grande
vogue :

> Auprès de ma marraine
> Que mon cœur (*bis*) a de peine !

Chérubin s'émoustille et ne sera bientôt que trop hardi.
Rêveuse et troublée, la marraine rit, la marraine gronde,
inclinée déjà vers le sacrifice et la volupté de souffrir. Quant
à la timidité qui toujours tremble, elle éveille d'abord un
intérêt compatissant. Maladie de la volonté, on la soigne,
on l'encourage, puis on se dépite d'un effort inutile, on
s'offense d'un désir qui papillonne et ne se fixe pas, qui
fait de la femme une idole et met les femmes en fuite.
Colardeau ne fut pas un timide.

Quant à dom[1] Juan, où le trouver ? Ne le cherchez ni
dans Molière ni dans Mozart, qui l'ont paré de trop de poésie, justifiant de la sorte son charme irrésistible, — ni chez
les romantiques qui l'ont noyé parmi les brumes et la philosophie du Nord. Ni si haut ni si loin. Coquard de village
ou mannequin de boutique, accommodé par quelque Figaro
de sous-préfecture, il n'a pas l'esprit de Figaro, tout au
plus celui de la rue et du journal, mais il est beau... comme
une image de modes, il se panade et l'on glousse. Gaillard
et prompt aux approches, caressant et brutal, il pousse har-
diment sa pointe et l'on se dispute ses faveurs.

(1) V. Molière, édit. des Grands Écrivains (Hachette). Ailleurs don
Juan, don Quichotte

Dom Juan, s'il daigne s'abaisser vers les tendresses pâmées, celui qui sur un champ de foire, en maillot pailleté, croise sur un torse noueux les biceps d'un Hercule (1), ou qui, parmi l'éblouissement d'un gala parisien, montre aux belles le mufle noir, le rire blanc, les formidables poings de Bamboula.

Dom Juan, le pâle voyou de la grande ville, héros du cinéma, sinistre favori de la sottise humaine. Souple et sournois, l'œil sûr, l'attaque traîtresse, il joue supérieurement de la semelle, du couteau à virole et du browning. Comme les autres, il fait de la femme une machine à plaisir, mais, de surcroît aussi et par profession, un instrument de crime.

Et voici le Dom Juan du grand monde, qui n'est pas sans connaître celui des boulevards extérieurs. Noctambules tous deux, habitués des antres malsains, ils se rencontrent parfois, se témoignent une mutuelle déférence. De leurs rapports j'ai dit ailleurs un mot. Savant à toutes les escrimes, bien nourri, bien soigné, très entraîné comme un cheval de course, c'est un beau produit de notre espèce animale, ce Juan, et de grand prix, on en peut juger par le coût de son entretien. Il les a les muscles d'un athlète et l'élégance d'un petit maître. Londres le blanchit et l'habille. Paris lui offre cuisine, bon gîte et le reste : ce sont divertissements épicés et de toute sorte. L'amour est pour lui un sport comme un autre, une chasse réservée, combien giboyeuse ! Il abat force colombes, sans s'inquiéter du pigeonnier. On inscrit au tableau ses victimes. Sganarelle et Leporello tiennent cette comptabilité. *Mille e tre.* Nous revenons à Mozart et, par lui, au xviiie siècle.

Assez vilain personnage, au demeurant, le dom Juan de ce temps-là. S'il s'est appelé Richelieu, s'il a pris Port-Mahon, ce n'est plus maintenant que Lauzun ou Casanova, si ce n'est le marquis de Sade. Notre poète n'a point dressé de pièges à l'innocence ni même à la vertu vacillante.

(1) V. Paul Alexis, *Journal de Monsieur Mure*, p. 325 et suiv.

Chasseur, il ne l'est qu'au plat. Aux volatiles des salons, il préfère celles du Gâtinais. Il n'a rien d'un don Juan.

Rares, d'ailleurs, en ce monde-là, les colombes immaculées, rares les hermines, sinon aux armoiries ; monde gaillard, grâces délurées, mais une aménité parfaite ; monde un peu mêlé, quoique trié : de vieux blasons sans morgue, des titres un peu neufs, mais dans un si joli décor ! des dorures que les ans n'ont point amorties, mais que de goût, quel art d'embellir la vie, que de gaieté ! Ce monde qui sourit encore sur l'ivoire des miniatures, aux grands cadres éteints, aux pastels vaporeux, si légers, si frêles, si mélancoliques, où fleurit la beauté des aïeules disparues, beauté que le temps, éternel don Juan, menace toujours, ce monde, il ne faut point le confondre avec les bureaux d'esprit et les sectes philosophiques, où le poète ne fréquentait point, les craignant comme la peste.

Il est ici, au contraire, dans son élément : on l'aime, on le recherche. Il aime l'esprit sans causticité, les femmes d'esprit sans pédanterie, le bon ton, les belles manières, le bien vivre aussi, étant homme et gourmand et peu vertueux. S'il pâtit souvent de trop de bonne chère, il est en cela de son siècle et de cette société si distinguée. On y mange trop et les indigestions, les congestions y sont fréquentes. Ce siècle, qui verra l'agonie d'une Révolution, voudra finir par la bombance. On disait des maîtres de l'heure : « L'an VII les tuera. » Cela s'écrivait en rébus. Vaticination prématurée ; mais ne fallait-il pas, avant tout, faire de l'esprit ? Le coup de lancette ne fut donné qu'un peu plus tard, non pas aux viveurs, mais à la France qui se mourait : « Intervention salutaire, déclarent les uns. — Coup de poignard à la Liberté », clament les autres. — Et d'autres encore, avec irrévérence : « Coup de balai dans une maison en grand désordre. » — « Le monde livré aux disputes des hommes » : voilà l'histoire. Le poète a dit magnifiquement :

Magnus ab integro sacclorum nascitur ordo.

*
* *

Colardeau était mort depuis longtemps ; les indigestions m'ont mené loin. Il les connut, il en souffrit, parce qu'il suivait la mode, et à considérer quelques aspects de celle-ci, il semble que la gravure un peu douceâtre que nous avons sous les yeux devienne plus parlante. Ne nous dira-t-elle rien de plus ? La perruque est à considérer. Ce siècle, comme le précédent, a horreur du vide. — Mais le vide est dans la nature, au creux des cervelles ainsi que sur les crânes. — Eh bien ! la nature a tort. Chevelu vous serez, coûte que coûte. Au XVIIe siècle, selon Mercier, une perruque se vendait jusqu'à mille écus. Enorme, il est vrai (1). Pour avoir écrit le *Siècle de Louis XIV*, Voltaire la portait telle, à peine diminuée. Quand il revint à Paris pour triompher et mourir, sa perruque antique « frisait » le ridicule, tout glorieux que fût l'homme. L'absence, plus que l'âge, avait produit cet effet. Le postiche sévissait toujours, mais on en était aux boucles, au toupet. Pas de tête propre qui ne dût passer entre les mains crasseuses des perruquiers, tresseurs, barbiers. « Et nous faisons aussi la chirurgie », disaient ces derniers. Seuls, quelques pauvres diables, maîtres d'école ou autres, achetaient une « tignasse » au quai des Morfondus. Un Diderot, un original et si négligé, pouvait se permettre des cheveux de son cru, tout plats et sans poudre, mais c'était Diderot.

Colardeau a donc la perruque basse, bouclée, frisottée, poudrée avec soin, le front très découvert, l'œil brillant. Mais voyez cette bouche sinueuse, spirituelle, où le joli mot va fleurir. La voix est douce, une voix de poète, la diction exquise : je le prouve : il lit ses vers, on l'écoute. Poète qui lit mal, endort. Corneille ne peut être entendu qu'à l'Hôtel de Bourgogne ou à la Comédie française « et quand il se produit par la bouche d'autrui ». Racine, la nuit, fait la lecture au roi et le tient éveillé. Colardeau, d'aventure, est

(1) *Tableau de Paris*, 1783, VI, chap. 491e.

admis à lire devant le Dauphin et ses frères. Lecteur à la Cour, lecteur dans les salons, ce n'est rien ; mais lire au Comité des Français, lire pour la Champmeslé, pour Clairon, lire et leur apprendre à lire, quelle tâche ! Racine y fut incomparable et Colardeau assez bien s'en acquitta. Racine, Colardeau : ces rapprochements, je ne les cherche point, ils viennent me chercher : — Evitez-les. Non ferai-je, les tenant pour vrais. Et voilà notre portrait fini.

*
* *

Colardeau a trente ans, l'âge de l'amour.

> Qui que tu sois, voici ton maître.
> Il l'est, le fut ou le doit être.

L'amour est une guerre, puisque l'on y parle que de conquêtes et de feux et de fers, une guerre aux péripéties diverses, combats, soumissions, trêves, ruptures. Or, dans les combats, on nous le disait ici, à la veille de la Grande Guerre, il y a « l'heure de crise ». Dût le mot être écrasant pour notre héros peu martial, je dirai que ce moment n'est pas encore venu. Par sa complexion, d'ailleurs, le pauvre garçon est plutôt fait pour l'amitié. Il l'a déjà trouvée deux fois sous sa forme habituelle, toute jeune et virile ; amitié durable, plus que secourable, car elle a d'autres soins, des occupations qui la réclament. Elle s'offre maintenant sous un aspect tout autre et plus doux, délicate et nuancée, tout occupée de plaire et de servir. C'est l'amitié féminine, si fréquente en ce temps-là, qu'elle semble devoir abolir le mariage. On lui impute un mal qu'elle n'a point produit, dont elle atténue souvent les effets pernicieux. Loin d'être ennemie de l'hymen, l'amitié le prépare et l'hymen, quand il fut ce qu'il doit être, la retrouve au bout de la carrière : c'est l'amour sans larmes, l'amitié de Baucis, radieux crépuscule. Le mariage se détruit lui-même, dès lors qu'il devient une affaire et qu'au lieu d'unir il divise, quand le monde sacrifie à des conventions sociales, à des intérêts, à des doctrines deux vies humaines qui ne sont point portées, de naturelle sympathie, à se confondre, deux êtres de chair qui se refuseront à n'avoir qu'une âme.

*
* *

Le mariage allait se dissolvant, mais on ne prenait guère les choses au tragique. La tragédie, c'était bon pour le théâtre ; la fidélité, on la laissait aux petites gens. Mœurs déplorables, mais n'exagérons rien. Il y avait de bons ménages, même en haut lieu, des fidélités héroïques, surtout parmi les femmes. Il y avait aussi des amitiés qui n'étaient point des revanches ou des consolations de l'amour déçu, de l'amour perdu ; amitiés amoureuses, peut-être, mais sans remords, amitiés loyales, fraternelles, maternelles plus encore ; car la femme vit pour aimer ; meilleure ou pire que l'homme, sa haine, c'est l'envers de l'amour, c'est l'amour qui se venge. La maternité, c'est l'amour qui ne demande rien, se donne tout entier, c'est toute l'existence de la femme. Mère, elle sera dans la plus pure virginité, sans l'orgueil et la joie de l'enfantement ; mère elle restera dans l'humiliation de la faute, si elle ne roule à l'abjection. Maman pour sa poupée, grand-maman pour ses diablotins qui la houspillent et l'adorent.

Enfant sans mère, Colardeau sut mériter l'amitié des femmes : rien de plus juste et qui soit plus à sa louange. Il fut discret, façon appréciée de marquer sa reconnaissance. L'amitié le régale à la ville et lui offre aux champs la plantureuse hospitalité des châteaux. Il y retrouve parmi la verdure, sous les ramées chantantes, la paix dont il a besoin, les loisirs studieux. C'est là qu'il avait écrit *Caliste* et commencé un poème qu'il annonce ainsi : « Croiriez-vous que votre paresseux neveu a mille vers de faits d'un poème en quatre chants, qui doit en contenir deux mille ? je l'intitule : *L'Amour et la Volupté !* tout se traite avec décence, que ce titre ne vous effraye point, la solitude de la campagne, un séjour délicieux ont tourné mes idées de

ce côté » (1). L'oncle s'effraya-t-il ? Usa-t-il du droit de
remontrances envers un neveu trop émancipé, mais d'autant plus entêté avec les siens, qu'il redoutait éperdument
Monsieur Tout-le-Monde ? Les sœurs firent-elles chorus
avec de bonnes dévotes de leur entourage, un chorus aigre
et persistant de vertus qui ont coiffé Sainte Catherine et
voient, non sans raison, dans le fils de Vénus un diable
déguisé ? Il y a peu d'apparence. Je croirais plutôt que
l'ouvrier se déprit de sa tâche, la première ferveur éteinte,
et que les mille vers à faire et l'engagement trop hâté d'être
toujours décent, lui furent une gêne : il en resta là.
Vinrent, d'ailleurs, en cette année 1761, des diversions aux
besognes poétiques. Il a des procurations à envoyer pour
une vente de biens (2). Il a des créanciers moins obsédants
que ceux dont Monselet eut le cauchemar et dont il se vengea, mettant leurs têtes à prix en un joli bouquin : des
rimes millionnaires, quelle insulte pour eux ! une cruelle
eau-forte, des exemplaires de luxe, sur papier timbré à
1 fr. la feuille, tirage rarissime. Ce n'était pas galette à
jeter à ces Cerbères. Le doux Colardeau n'a point de ces
raffinements de férocité. Ses prêteurs n'ont rien à craindre
pour leur argent. Il a des biens à grignoter, de hauts patro-
nages, des répondants nombreux. Autres affaires. Il a des
parents qui viennent le voir d'Etampes, un abbé Nolleau
avec son frère et une aimable cousine : il leur doit bon
accueil et des excuses pour un récent voyage à Orléans sans
arrêt chez eux. Il a des amis charmants, mais qui aiment
trop le pâté, l'accablant de commissions gourmandes, parce
qu'il est de Pithiviers, au moins par son oncle. « On m'en
demande encore quatre », écrit-il, et ce sont lettres à faire,
fonds à avancer, voir s'ils sont d'un prix raisonnable.
« Ils me seront remboursés et deux des anciens me l'ont
déjà été. » Des amis qui remboursent, espèce non commune. D'autres amis encore, mais qui aiment trop certaines boissons.. « J'ai pris mon parti sur l'intempérance

(1) 18 sept. 1760.

(2) Arsen. mss. 7572, l. a. s., 31 janv. 1761.

« des grands soupers, sur l'abus des vins de liqueurs et
« sur les liqueurs mêmes... on boit peu aujourd'hui aux
« premiers services, mais à l'entremets les flacons paroissent
« et les excès commencent. nous avons encore pris un goût
« des anglois, c'est le Punch, qui se sert après souper,
« liqueur composée, fort agréable, mais par là très dange-
« reuse. j'ai renoncé à tout cela et m'en trouve bien ».

Autre embarras : une passionnette, moins que rien. On a
rompu la paille. Hum ! paille qui vole, *grain* qui se lève,
tempête à l'horizon. On ira voir l'oncle, il saura tout ; mais
il faut remettre au printemps, conseillent les amis, « ils se
fondent sur l'air de faiblesse qu'auroit ma retraite, si elle
suivoit de trop près une rupture pour laquelle un peu de
raison et de fermeté suffisent ». La Trinité se passe, Colardeau ne vient pas. L'oncle attend tout l'été : rien. Arrive
l'automne : lettre du neveu, le 8 septembre 1761, tuile sur
la tête du curé. Emoi au presbytère et dans le voisinage.
« Croiriez-vous, croiriez-vous, (pathétique beauceron) que
le garnement a « l'audace » de proposer qu'on le reçoive
avec Doyen ?— Quoi ? Doyen ? un peintre ? — Oui, ma
chère, un rapin, autant dire. Un Parisien ! ça fait des
tableaux pour les églises, de grandes machines haut per-
chées, qu'on ne voit pas ; — d'autres que l'on voit trop, en
des lieux de perdition. Ça fait poser des femmes... chut !...
des femmes... toutes nues devant ces horreurs d'hommes ! »
Le curé ne donne pas dans ces sornettes ; mais le neveu n'est
pas rassurant. « Ce seroit une descente un peu militaire, si
je n'avois pas des droits sur vos bontés et les excuses de mes
sottises dans ma manière d'être ». Il a passé très peu de
temps à Paris depuis les premiers beaux jours. Il s'est par-
tagé dans différentes campagnes des environs. Il a de bons
amis. — « Oui-da, grommelle-t-on, et des amies, combien ?
Il continue : « Nous sommes ici une troupe de coquins à qui
l'on croit de l'esprit et cependant assez sots pour amuser le
public à nos dépens. Je me suis très peu mêlé à ces combats
de plume et j'ai bien fait. Le rolle (*sic*) de la neutralité m'a
fait honneur dans l'esprit des honnêtes gens » (1)... Tara-

____

(1) Ars. mss. 7573 : 19 copies dont les originaux manquent.

tata : Honnêtes gens ! Des vagabonds. Que ne restent-ils chez eux ? Des *coquins*. Ça hante les cuisines (*Coquus, coquina*). Ça veut que l'on fricasse. Et les récoltes si maigres ! l'argent si rare ! Y songe-t-il ? » — Fort peu. — « Et le moine qui réclame sa pension. Un vagabond pareillement. A Beaugency, à Langres, à Paris, il n'est bien nulle part. Quelle famille ! »

Ils arrivèrent les coquins, en coup de vent : de l'effroi, des retraites effarouchées, des rires et la paix bien vite. Bonnes gens tout de même les uns et les autres et bonne la cuisine, bonne la cave, avec ses vieilles bouteilles derrière les fagots.

Ce fut un beau voyage. Le 3 octobre Colardeau exprime, de Paris, la satisfaction des deux camarades. « Nous avons beaucoup parcouru les environs ». Ils ne s'étaient donc pas acoquiné trop longtemps à Pithiviers. Doyen est enchanté du paysage et du nouveau pont. Le poète a pensé aux affaires. On lui a offert 9.000 livres pour sa terre de Vilars. « il me seroit très avantageux d'augmenter mon revenu en plaçant cette somme en rente viagère. je retiendrai dessus environ 1.200 livres tant pour le remboursement des 600 livres que j'ai empruntées que pour d'autres objets. je suis décidé à faire cette vente. j'ai chargé de ma procuration houry notaire à Orléans ».

L'oncle soupire, nous aussi pour un autre regret, c'est d'en savoir si peu sur les impressions du peintre. Son esthétique, ses entretiens avec son ami durant des années de vie commune, ce qu'ils ont pu apprendre l'un de l'autre, tout cela nous est lettre close. Est-ce un ami de Doyen qui a pu écrire dans l'*Epître à Minette* :

> « ... ce Scarron, ce bizarre Callot
> Dont le burin et dont l'esprit falot
> Ont surchargé leurs peintures comiques
> D'êtres tortus, de formes fantastiques. »

Et Doyen n'a pas jeté au feu ces « niaiseries » ! Bachaumont eut raison, mais Doyen ? Eh bien ! Doyen, tout à son œuvre, s'il avait une esthétique, ne la professait pas à la

façon de ces génies incompris, qui, de leur verbe intaris-
sable, avec des gestes enveloppants, refont les tableaux
d'autrui, oubliant sur le chevalet la toile commencée, travail de Pénélope que l'on refait souvent sans l'achever
jamais. Doyen n'avait pas le temps de lire les vers de son
ami : ils étaient trop, défilant en bel ordre, d'un pas égal,
ne disant rien, soldats si bien alignés qu'ils passaient à la
montre. — Mais les soldats du *Combat à la barrière*, du
Siège de l'isle de Ré, c'est bien autre chose ; plus de métaphore ici ; des troupiers tout de bon et quelle allure ! Et les
Balli, les *Bohémiens*, quelles trognes, armées ou non ! Ce
Callot, voyez-vous, poète, est un lyrique, non un burlesque.
Un lyrique ! Saluez. Savez-vous ce que c'est ? Hélas ! ce n'est
pas vous ». — Tout cela, s'il ne l'eût dit, Doyen, au siècle
suivant, l'eût pensé. La vie ne lui manqua point, s'il manqua sa vie. Il demeure quelque temps encore avec Colardeau. Quand se quittèrent-ils ? On ne sait au juste. « J'ai
promis à Doyen, dit celui-ci, cent écus pour payer deux
termes de notre loyer et je ne sais comment je ferai pour
nous tirer de là ». Pas de date ; une note au crayon place la
lettre entre 1765 et 1767. D'après des pièces d'archives il est
accordé un « Brevet de logement aux galeries du Louvre au
sieur Doyen, peintre du roi... » (23 mars 1774 (1) ; — « à
M. Doyen, Peintre du Roi... pour attelier, la grande pièce
ou l'Académie Royale d'Architecture tenoit ses assemblées
(26 novembre 1775) (2). Colardeau allait mourir.

Doyen lui survécut trente ans, homme arrivé, en rela-
tions avec les plus illustres personnages, ami de Silvain
Bailly, futur maire de Paris. La réputation de l'artiste
décline chez nous, s'accroît au dehors. La grande Catherine
l'appelle en Russie. Il obtient un congé de trois ans pour
aller à Saint-Pétersbourg (7 oct. 1791) (3). Il y reste seize
ans, échappant à la Révolution qui fait tomber la tête de son

(1) N^{lles} *Arch.de l'Art franç.*, 1873, p. 98, n° 174.

(2) *Ibid.*, p. 221.

(3) *Ibid.*, 1878, p. 67.

cher Silvain. Il meurt là-bas, en 1806, deux ans après Austerlitz. 1806, l'année d'Iéna ! En ce temps-là David, dont il fut le précurseur, David, le Montagnard, qui peignit Marat dans la baignoire rougie de sang, David travaille au « Sacre » du César moderne (1805-1808), avant de montrer l'Empereur debout, un des plus glorieux portraits qui soient. — Et je ne saurai point si Doyen a fait le portrait de Colardeau.

X

L'ORAGE

1761-1763, trois années de notre histoire, trois grands faits sociaux : fin de la guerre de Sept Ans, expulsion des Jésuites, triomphe de Rousseau avec *la Nouvelle Héloïse*, *Emile*, *le Contrat*.

De juger ces événements il n'appartient pas à nous, travailleurs pacifiques ; ils sortent de notre cadre, mais les faits sont là et les dates sont des nombres. Dirai-je, en passant, rhéteur utopiste, que les nombres ont pour moi l'attrait du mystère éternel ? Le nombre est le rythme de toute création et le rythme est la loi de tout art. J'allais innocemment pythagoriser sur le nombre 3 ; mais ma plume a bronché, plus sage que ma tête. Sérénité des nombres, idéale beauté des fleurs, où êtes-vous ? Insignes de nos querelles, on n'ose vous nommer, ô vous qui ne parlez que de vérité et d'amour.

Constatons seulement que la gloire de Rousseau est au zénith, que celle de Voltaire descend à l'horizon. Peut-être épiloguera-t-on sur ce dernier article. Passons. Quant au succès des trois ouvrages de Rousseau, il est manifeste, comme l'est aussi leur enchaînement : l'*Héloïse*, théorie de l'amour ; l'*Emile*, théorie de l'éducation ; le *Contrat*, théorie de l'Etat.

Parmi ce tumulte de la grande histoire, Colardeau et ses œuvres paraissent bien menus. Nous avons loué l'auteur du *Patriotisme*. Bon Français, il a su gré à Choiseul d'avoir mis un terme, non sans honneur, à une guerre abominable et rendu l'espérance à ce noble pays, qui sera toujours, qu'on le veuille ou non, l'espérance du monde.

Elève des Jésuites, le poète n'a pour eux ni pitié ni ressentiment. Il note qu'on les oublie, comme il fait lui-même. Diderot qui n'est pas leur ami, mais n'a point l'acharnement de « l'homme de Ferney », Diderot confirme ce témoignage : « Aujourd'hui même on les plaint ; demain on les chansonnera ; après-demain on n'y pensera plus : c'est le caractère du joli peuple français. » (1) — Il n'en fut pas tout à fait ainsi. Les Parlements menèrent grand tapage. Frondeuse, évaporée, la Cour intrigua, rima, dansa, folle sur tous les tons et tant firent les uns et les autres pour défendre leurs privilèges, renforcer les abus, que tout s'effondra.

Quant à Rousseau, notre poète semble l'ignorer ; bien à tort. Lui qui connaît Voltaire et le juge pertinemment ; se peut-il qu'il soit si indifférent à l'égard de Jean-Jacques, autrement redoutable par son emprise sur les âmes ? De Voltaire que reste-t-il, à part son français, dont ne veulent même plus beaucoup de ses thuriféraires ? Mais Rousseau ? Il est dans les moelles des générations, du xviiie siècle finissant au xxe, déjà plus qu'adulte, et l'on est loin de l'avoir éliminé. Bonté de la nature, quoi de plus doux pour ses enfants ? Bonté de l'homme, quoi de plus flatteur pour notre faiblesse ? Tout mal vient de la société. Quoi de plus tentant pour les réformateurs ? C'est de la besogne assurée jusqu'à la fin des âges. Tout jeter à bas pour tout rebâtir. C'est la chanson, toujours recommencée, du *Petit navire*.

De cela Colardeau ne se doute point. Il ne songe même pas à réclamer quelque part d'ascendance sur la *Nouvelle Héloïse*. Il est vrai que cette fille a une généalogie si compliquée que l'on s'y perd. Et puis l'amour est venu et notre rimeur perd la tête.

*
* *

Voyez ce paysage tout baigné de lumière blonde, ces verdures bleues d'un grand parc qui mollement descend vers des eaux qu'on devine. Toute fleurie, des flammes à ses mâts, le vent gonflant la voile, une nef attend de jeunes couples qui, la main dans la main, rayonnants de joie, descendent vers la rive. Des angelots, fleurs de chair,

(1) Lettres à Mlle Volland, Paris, 12 août 1762.

riants et rebondis, vrais lutins lutinent une Cypris de marbre qui semble s'animer au souffle de leur caresse ; ils voltigent, sont partout. C'est « *le Pèlerinage à l'Isle de Cythère* » ou « *l'Embarquement pour Cythère* », deux merveilles et jumelles de notre Watteau. Nées toutes deux aux bords de la Seine, rêve unique de bonheur, l'une est au Louvre, l'autre à Postdam. Le grand Frédéric l'acheta, possession légitime, hommage au génie français. La victoire aurait dû ramener l'exilée qui, là-bas, s'ennuie parmi les brouillards de la Sprée. On l'eût estimée au prix le plus haut, le prix d'une « bertha » : des millions à valoir sur les milliards qui nous sont dus. Ah ! le bon billet que nous avons là !

L'Embarquement pour Cythère, c'est l'amour au xviiie siècle, dans l'Ile de France, l'amour dans un parc, au bord du fleuve royal, car les « prés fleuris » de Mme Des Houlières sont trop humides, trop découverts surtout pour ces élégantes pastorales. Il faut des ombrages discrets et profonds, des oiseaux roucoulants et les blancheurs du marbre et les dieux païens à ces Tircis au toquet de velours, en hoqueton zinzolin, à ces Amaryllis froufroutantes de soie rose, à la houlette enrubannée. Loin d'ici le vulgaire et les soucis du gagne-pain. Vivre, c'est aimer, chanter, baller, cueillir la rose. Foin de tout le reste !

Cette Cythère, c'est Auteuil pour Colardeau et bien d'autres. Auteuil est à Molière, comme Meudon à Rabelais qui peu de temps y demeura, voyageur sans repos. Molière, à Auteuil régalait sa servante de son comique le plus franc. Il recevait à table, Boileau, un bon voisin, qui aimait tant le *Misanthrope* et grognait à Scapin ; — La Fontaine qui aimait tout, vin compris, le bon vin, s'entend. L'hôte buvait du lait, gardait sa raison. Ils noyaient la leur dans les pots et fussent allés se désaltérer à l'onde noire, si l'amphitryon, ce dit-on, ne les eût décidés à remettre au lendemain cette étrange partie. Jolie fable, sans plus. On l'a mise au théâtre (1). Elle eût amusé La Fontaine qui jamais ne son-

(1) ANDRIEUX, *La soirée d'Auteuil.*

gea à pareille fin. Auteuil, lieu vénéré des comédiens, chéri des comédiennes. Sans elles, point de Cythère. La conséquence, on l'entrevoit. Colardeau devait déployer sa voile vers ces bords fortunés où les sautes de vent sont brusques, les orages courts, parfois terribles.

« Qu'allait-il faire » le malheureux, « dans cette galère » ? S'embarquer en un pareil moment, et dans quelle compagnie, et pour quels exploits par Hercule ! Ah ! certes non. Hercule n'a rien à voir ici et que Vénus s'arrange de ce chétif. C'est caprice de femme et cela, d'ordinaire, on renonce à l'expliquer. Le pèlerin, moins gaillard que passionné, écrit le 13 mars 1763, prêt à se mettre en route, qu'il vient d'avoir une espèce d'abcès sous le bras gauche, au creux de l'aisselle. « c'est mon ancienne humeur qui s'est jettée dans cette partie. on ne détruit jamais un sang vicié dès la naissance... l'abcès s'est cicatrisé, deux médecines ont emporté le mauvais levain et je compte sur quelques années de santé ». Souhaitons-le pour lui, mais où donc va-t-il ?

Il est à Auteuil un théâtre, un bijou, bonbonnière stuquée, dorée, tarabiscotée, une de ces *Folies* que ce siècle aimé des fées vit surgir, si nombreuses, pour l'enchantement des hommes et leur déraison ; un théâtre où l'on ne siffle pas, avec un public *di primo cartello*, gens du bel air et de belles manières, dont le suffrage est sans prix, un théâtre qui n'en est pas un, salon plutôt, où l'on sait écouter, tout en causant *sotto voce*. Il est là deux sœurs, deux comédiennes, non de métier ; aspirantes de l'art, il leur faut des leçons. Or Colardeau dit les vers aussi bien qu'il les fait, maître non diplômé, comme elles sont actrices sans brevet d'aucun Conservatoire. Parfaite entente. Auteur, professeur, acteur, Colardeau cumulera, largement rémunéré à la banque de Cythère, meilleure que celle de Law (1). Reprenons *ab ovo* cette histoire.

(1) On prononçait Lass au xviiie siècle.

*
* *

Fils naturel d'Auguste II de Saxe et de la comtesse Aurore de Koenigsmark, que nous appellerons Aurore Iʳᵉ, Maurice de Saxe fit ses premières armes contre Louis XIV, puis passa au service de la France, menant avec fougue la guerre et l'amour, vrai barbare, un Hercule celui-là et des mœurs de roué. Il avait déniché dans les chœurs de l'Opéra deux colombes : jeunesse, beauté, innocence... on le dit. Marie et Geneviève Rinteau. Marie, l'aînée, 17 ans, des charmes tout neufs et l'esprit le plus fin ; l'autre, plus belle encore, mais c'était tout, « la Belle et la Bête », au dire des mauvaises langues. Le père, un Monsieur Cardinal avant la lettre, car il ne lisait guère, s'il comptait fort bien, ce père vendit sa première fille et eut de grosses fournitures dans le gouvernement de Belgique qui était aux mains rapaces et follement prodigues du maréchal. Ces hauts et puissants seigneurs faisaient bien leurs affaires aux frais « de la Princesse » ; elle payait leurs dettes... et leurs fantaisies. Chrétiens de nom, ils vivaient à la turque, achetaient une belle fille au marché, comme un cheval pur sang, lequel coûtait plus cher ; aussi le gardait-on plus longtemps. Le héros eut une fille ; née d'un demi-dieu, elle fut déesse, comme son aïeule, mignonne déité aux doigts de rose, Aurore de Saxe, deuxième du nom. Marie, à peu près délaissée, reçut une forte pension pour elle et son enfant et l'on aurait pu vivre avec la sœur très agréablement ; mais l'ambition était venue. Ces petits *rats* de l'Opéra (comment s'en étonner ?) avaient la nostalgie des planches. C'étaient des colombes tout à l'heure ; mais nous sommes au pays des fées et des enchantements ; une Circé aura touché de sa baguette ces êtres si légers. D'ailleurs la femme, comme le papillon, qu'est-elle, sinon une métamorphose continue ? Marie, dans tout l'éclat de sa beauté, voulait avoir un théâtre à elle et s'y faire applaudir. Il fallait un maître de diction. La Clairon dépêcha Marmontel. On se mit à étudier *Zaïre* avec ardeur. Le professeur s'éprit, l'élève fut surprise par un

valet espion. Fureur du pacha, qui coupa les vivres. Il aurait
pu couper davantage et Marmontel était dans les transes,
d'autant qu'il avait déjà braconné dans ce harem. Il aurait
pu plaider les circonstances atténuantes, s'étant contenté
des restes du vainqueur. Il fit mieux ou pis : il fit une tragédie, *Cléopâtre*, qui lui rapporta tout juste quarante louis,
mais apaisa peu à peu l'irascible maréchal, fort satisfait de
voir en cette pièce et sous le nom d'Antoine un portrait
avantageux à sa ressemblance. Il fut magnanime sans être
généreux. Les cinquante louis de pension mensuelle furent
bel et bien supprimés et les deux amoureux, pour tout
potage, en furent réduits aux quarante louis de l'auteur.
C'était maigre. La tragédie nourrit mal son homme ; mais
lui demander d'alimenter, de surcroît, femme et enfant,
c'est trop. « O sort infortuné ! » Des alexandrins là-dessus,
vous en aurez, mais du pain, zeste !

Survint, ô bonheur, un autre pacha, de maison souveraine, et ce fut de nouveau l'abondance. Il ouvrit, toute
grande, sa bourse, non sans stipuler le congé du professeur
et son renoncement formel à une chasse interdite. Marmontel promit, jura, tout heureux d'en être quitte une seconde
fois à si bon marché. Il conta plus tard à ses enfants ce que
mon devoir de biographe discursif m'oblige de rappeler,
non sans quelque scrupule, devant un auditoire de mûre
expérience et qui me demande, je crois, d'être vrai et retenu
sans trop de gravité, en un sujet si frivole. « Dès notre
seconde leçon, ces mots : *Zaïre, vous pleurez*, furent l'écueil
de ma sagesse ». Il oublie qu'elle a déjà fait naufrage. Il dit
tout, s'absout de tout par une belle morale : « Ah ! frémis-
sez comme moi, mes enfans, des dangers que m'a fait courir une trop ardente jeunesse » (1). Les voyez-vous frémir ?
frétiller plutôt ; leur regard s'allume, la passion s'éveille ;
de morale ils n'ont souci. Ils admirent avec irrévérence ces
folies qu'on leur dénonce, impatients qu'ils sont d'appliquer la règle : *Imitor patrem*. Lui ne s'en doute point. Passé

(1) MARMONTEL, *Mémoires*, T. I, liv. IV, p. 291.

le temps de faire des sottises, on en dit, on fait de la morale
et trop. La morale, en ce temps-là coule à pleins bords des
encriers philosophiques.

*
* *

« Mais Colardeau, me dit-on, l'oubliez-vous ? » Patience.
La demoiselle étant déjà mère d'une fille, donnons-lui le
temps d'avoir un garçon. Point ne faut déchoir. Or le père
est duc de Bouillon et prince de Turenne. La fille était jolie.
Le fils sera beau. Si beau, si fort fut ce garçon, que le père
décida de le garder chez lui et, sans barguigner, le présenta
d'abord à la duchesse et celle-ci ayant déjà un fils bossu
d'un accident de chasse et qui devait mourir à 26 ans, un
autre cul-de-jatte et qui vécut, aima comme sien cet enfant
d'un volage époux. Les bâtards depuis longtemps faisaient
figure dans la noblesse et les armoiries leur réservaient une
pièce honorable. Par eux bien souvent un arbre prêt à se
dessécher reverdissait. Bâtard, ce Guillaume qui conquit
l'Angleterre ; bâtard, notre gentil Dunois qui si bien aida
Jeanne à chasser de chez nous l'Anglais. Comme Valentine
Visconti, la duchesse de Bouillon fut maternelle à ce petit si
dru et le cul-de-jatte tout de suite accueillant et fraternel,
lierre rabougri qui trouvait inopinément un soutien. Une
tendresse réciproque unit pour la vie ces deux êtres également sains de cœur. Heureux d'avoir deux mères, le nouveau venu sut témoigner à l'une un respect qui la purifiait
de sa faute, à l'autre une reconnaissance qui assurait au
pauvre infirme un dévouement sans bornes.

Quant au duc, on aurait pu dire de lui ce que Diderot
demandait un jour à propos de n'importe qui : « Est-il bon ?
Est-il méchant ? » On eût ajouté : A-t-il, oui ou non, de
l'esprit ? Répondre en Normand serait sage : « Selon. Oui
et non ». L'*homo duplex* n'est pas tel, qu'on le puisse enfermer dans une formule rigide. Affligé d'une immense fortune, celui-ci en eut tout l'orgueil et toutes les faiblesses.
Cire molle et « prompte à recevoir l'impression du vice »,

il fit le mal sans le vouloir et des sottises plus fortes qu'un
autre, étant intelligent. Très épris de Marie, il se piqua d'être
jaloux, comme un Maurice de Saxe, payant un valet, « qui
n'était pas un muet du sérail » pour la surveiller de jour...
et de nuit, coucher à la porte de sa chambre entr'ouverte : de
verrou point. « Je crois que le drôle mangeait le lard », dit
crûment le rapport d'un inspecteur de police. Nous le
croyons sans peine. Qu'on soit duc et sot, il se peut. N'affirmons rien. Qu'arriva-t-il ? Le duc se déprit, la fontaine
d'abondance fut tarie, peu de temps, d'ailleurs. Mlle Cardinal, maintenant instruite, avait mieux sous la main, un
nouveau pacha, la meilleure pâte d'homme qu'elle pût souhaiter. Il en faut dire un mot, car nous sommes en plein
pays persan : la Perse est en France depuis Montesquieu, et
même avant lui. Les *Mille et une nuits* font fureur. On les
lit, on les vit ; le réel dépasse l'imaginaire. « Ceci n'est pas
un conte », pas plus que je ne suis Schahrazade. Je n'invente
rien et mon inédit s'enchaîne tellement à ce collier d'histoires trop lestes que je l'égrène au plus vite en gémissant.

*
* *

Fermier général, M. d'Epinay le fut en survivance de son
père, M. de Bellegarde. Il n'avait pas attendu ce terme pour
aspirer aux faveurs de Marie ; mais on le fit attendre, afin
de l'exercer à patience et, de peur de le perdre, on l'adressa
d'abord à la sœur, excellente poire pour la soif. Dès qu'il
eut la place et le magot, Marie plus ne résista, la cadette
s'effaça. Touchant accord !

Fermier général ! C'étaient les rois du jour. Certains les
appelaient des « espèces », par envie ; mais les femmes
étaient à leurs pieds ; les grands seigneurs et les artistes à
leurs tables, la chère étant exquise et les amphitryons gens
de goût pour la plupart ; et quel empressement de tous à
leurs caisses ! Noces et festins, théâtres, châteaux, blasons
et femmes, légitimes ou non, tout était à tous, vices et plaisirs ; c'était la vie : « courte et bonne », selon la devise

d'une princesse du sang. « Après nous le déluge », s'écriait peu après une favorite. On le voyait venir et la fête continuait. « La France, ton peuple te fera couper la tête », disait l'autre, qui ne se doutait point que la sienne aussi dût y passer. Voilà l'esprit du siècle.

Des originaux cependant, gens de province d'ordinaire, s'obstinaient aux bonnes mœurs, aux vertus de famille. M. d'Epinay non pas. Il aima sa cousine assez pour l'épouser, malgré les parents. Innocente, elle l'aimait ; il la trompa dès le premier jour, la corrompit de toute manière, puis s'en sépara. Tout à Marie depuis longtemps, fidèle comme un caniche, il est de la maison, il apporte, il supporte, il admet le partage, le rôle du *patito*, réclamant le privilège de l'être avec magnificence. Les deux sœurs ont troqué leur nom de Rinteau qui sentait la caque contre celui de Verrières, frais et parfumé, fait pour de « belles écouteuses » qui s'en vont au bois joli avec les donneurs de sérénades. Babioles, bijoux, dentelles, que ne donne-t-il pas, ce d'Epinay ? L'arsenal de la coquetterie, le confort de l'opulence, les fastueux triomphes de la scène, il est de tout le bon payeur. Cette maison d'Auteuil, il l'acheta ; ce théâtre, il le fit décorer somptueusement pour elles ; il en fait les frais et, comme les millions de la ferme générale n'y peuvent suffire, il demande le reste à la frénésie du jeu. Ce sera finalement la culbute. N'allons pas si loin. Restons à Auteuil. Nous y retrouvons Colardeau ; il y tient l'emploi de Marmontel, laissé vacant tout d'abord, par prudence ; puis, de nouveau, pourvu d'un titulaire plus apprécié. Car ce Marmontel, « si long, si lent, si lourd », s'il ne fut pas toujours trouvé désagréable, s'il put troubler un moment une Héloïse très novice, ingénue de théâtre, soucieuse avant tout de donner à son jeu le plus de vérité possible, ce Marmontel apparemment n'eut pas les petits soins, l'aisance, la souple gentillesse de son successeur. Ecoutons celui-ci :

> Je sais très à propos porter une bougie,
> Présenter une main ou bien donner un bras ;
> J'accompagne à la messe et j'y rime tout bas
> Du saint du jour le roman ou la vie (1).

Il fait la lecture aux deux sœurs, le soir. Il joue au billard avec d'Epinay, il perd et doit s'acquitter en monnaie de poète ; d'argent, point de nouvelles. Ces vers, laissons-les, pour faire court. En voici d'autres en l'honneur du gagnant. Heureux au jeu... vous savez la compensation que l'on réserve à l'autre.

> Une amante, un ami que le penchant nous donne,
> Une amante qui plaît, un ami qui raisonne,
> Différemment aimés, mais également chers,
> Nous tiennent lieu de tout et sont notre univers.

Ces gens ne sont pas difficiles. Ménage à trois, le XVIIIe siècle n'a point inventé la chose, mais il en fait presque une institution, s'appropriant, à cet effet, avec une application tout autre, une maxime fameuse que l'on reprochait aux Jésuites proscrits : *Raro solus, nunquam duo, semper tres.*

Colardeau est heureux. Il dit son bonheur à tous les échos. Ses vers s'épanchent comme la source où ils vont, elle et lui, rêver car il faut pourtant être deux quelquefois. Ce sont des promenades au clair de lune, on écoute le rossignol, on échange des serments d'éternelle félicité. Chansons que la brise emporte. Au jeune homme qui s'enflamme on jette un gentil : « Bas les pattes. Soyez donc sérieux, mon maître. Songez à ma pièce, à nos invités, à nos rôles ». Docile, il s'exécute. Nullement inventif. Nous le savons, il a jeté cette fois son dévolu sur un conte des plus osés de La Fontaine, *la Courtisane amoureuse.* Titre choquant, impertinence de mauvais goût. Mettre en vers la prose de Montesquieu (*Temple de Gnide*) c'était

(1) Gaston Maugras, citant ces vers inédits, déclare en avoir beaucoup d'autres que Colardeau composait à l'église ; « mais ils sont, ajoute-t-il, impossibles à reproduire tant à cause de leur impiété que de leur crudité ». (*Les demoiselles de Verrières*, p. 161-162).

étrange bévue, mais toucher aux vers de La Fontaine, morale à part, quelle prétentieuse polissonnerie ! mettre un sujet pareil sur la scène et ne vouloir choquer personne, quelle aberration ! L'œuvre est perdue : rien à regretter.

Abrégeons l'histoire, de dénouement trop prévu. La courtisane trop courtisée, l'amant de cœur, de moins en moins chéri, se lamente, implore, rime éperdument, invente peut-être, cette fois, un roman poétique (1). Pauvre Colardeau, ce n'est qu'un luth et on en est à… la harpe. La harpe ! nom sonore, un instrument délicieux sous de jolis doigts. La Harpe (deux majuscules), un homme minuscule (pardon !), un si vilain homme, au dire de vilaines gens, de Le Brun par exemple, oui La Harpe, ce « nain » dont « l'impertinent visage… appelle le soufflet ». La Harpe succède à Colardeau. Il fait des tragédies qui tombent à plat, mais il a su plaire aux femmes, hormis à ses légitimes. Il en eut .deux, divorça, redivorça. Il offre son encens à l'idole de Ferney, lance contre Dorat une tertible épigramme, attribue ce foudre au dieu lui-même et beaucoup s'y laissent prendre ; car le drôle a de l'esprit. L'anonymat, le plagiat sévissent. L'imposture court partout, impudente ou masquée. Fanfaron d'impiété, je l'ai dit ici même, La Harpe, sur le tard, se convertit.

*
* *

Marie, depuis longtemps, n'était plus, pécheresse repentante qui voulut aimer toujours, chercha hors du monde l'aliment de son cœur ! Dévote avant d'avoir renoncé au théâtre, elle avait péché plus gravement par excès de zèle ou d'amour maternel. Ici reparaît le bâtard de Bouillon. Bon fils, s'il en fut, et bon frère, il était devenu colonel de dragons. Amoureux d'une paysanne, il veut l'épouser. Indi-

---

(1) Car les autographes en vers, copieusement cités par Maugras, agréable historien de ces faiblesses, ne s'accordent guère avec la correspondance en prose, sur quoi je me fonde. Quant aux épîtres « A Toi » de l'édition Jabineau il n'y a pas lieu de s'y arrêter.

gnation du duc qui, pour prévenir tout retour offensif, va user d'un singulier privilège que son titre lui donne, la nomination à la cure de Tartas. Son fils sera d'Eglise et curé de Tartas, dans les Landes, en la seigneurie d'Albret. Il était chevalier de Beaumont et colonel. Il restera Beaumont, mais abbé sera. Stupéfaction du fils. « Porte-soutane, moi ! Jamais ! » On sacre, on fait les cent coups pour conjurer le sort : tel autrefois Paul de Gondi. Il faut faire le saut. La mère doucement l'y pousse. Comment lui résister ? Par égard pour elle et pour l'avorton de frère, on se résigne, on subit la tonsure ; torture plutôt. On se plonge dans la théologie. Et la maman écrit en 1771 : « Quand je crois que vous êtes enfoncé dans vos auteurs, dans vos Pères de l'Eglise, moi, bien humblement, je prends la *Vie des Saints*. Saint Augustin me rassure et me raffermit. Je veux à son exemple et quel exemple ! tout quitter, tout fuir, tout briser » (1).

La mort vint pour elle un peu plus tard (2), très soudaine et très douce. Assise auprès du feu, au moment de se mettre au lit et tandis que sa femme de chambre faisait chauffer sa pantoufle, elle expira (3). Cette reine de théâtre qui avait vu à ses pieds un fils de roi, des princes, ne laissait rien à ses enfants.

*
* *

Le duc de Bouillon, un quasi roi, tyran de son fils, esclave de la valetaille, avait épousé sa dernière maîtresse, une fille du peuple. Il mourut au début de la Révolution et le cul-de-jatte d'écrire au curé : « Notre j.-f... de père vient de mourir. Arrive dans les bras et sur le cœur de ton frère. Je voudrais te rendre aussi heureux que tu as été malheureux. Si tu ne te hâtes pas, tu me trouveras guillotiné. Sou-

---

(1) Adolphe JULIEN, *La Comédie et la Galanterie au* xviiie *siècle*, p. 135.

(2) En 1777, je crois ? Ad. Jullien dit : en 1775, mais se contredit.

(3) G. SAND, *Hist. de ma vie*, édit. in-12, t. Ier, ch. II, p. 53.

viens-toi que tu as promis à ma mère de me défendre. Je
t'aime et je t'attends avec impatience. Ton frère. DE BOUIL-
LON. »

Il vint, ce frère. La Révolution les épargna, libérant
l'abbé de sa cure tartasienne. Le dernier des Bouillon mort
en 1802, lui s'en vint à Paris, en un vieil hôtel de la rue
Guénegaud avec une gouvernante, de quelque 40 ans, une
Mme Bavoil ; de son vrai nom Bourdieu. Elle était de Dax.
Le verbe sonore, alliacé, les rondeurs massives, vrai remède
d'amour, elle appelait son maître « papa » et lui mijotait
de petits plats dont la succulence l'induisait au mignon
péché de gourmandise. Docteur à sa manière, ce cordon
bleu.

Sous l'Empire, Talleyrand offrit au curé de Tartas l'évê-
ché d'Arras. Etait-ce pour la rime et pour la frime ? Beaumont refusa. Il tenait de son père une rente de 1.200 francs ;
il avait Mme Bourdieu. Que désirer de plus ? C'était un
sage.

*
* *

Et la fille de Marie ? Il faut bien y venir. Ces histoires de
femmes, on ne sait où ça vous mène. Il est des vies droites,
unies et pures comme un miroir ; rien ne s'y passe, dirait-
on, et pourtant quelle profondeur, que d'émotions intérieures ! D'autres sont en ricochets, s'en vont pas cascades.
On a peine à les suivre, plus de peine à les conter. Dans
quel fourré généalogique me suis-je engagé ? Comment en
sortir ? Allons toujours. Colardeau peut attendre, et quoique
ces femmes ne soient plus sur le plan de son existence, sa
politesse leur cède le pas et m'invite à dire les destins de
cette étrange lignée. C'est encore une façon de m'occuper
de lui.

Elevée à Saint-Cyr (1), aristocratique maison, avec
défense d'aller chez sa mère, Aurore II, belle comme le
jour, une voix angélique, était un diable sous les grilles.

(1) G. SAND, *Hist. de ma vie*, édit. in-12, t. 1er, ch. II, p. 47.

Elle voulut d'abord avoir un acte de baptême que l'on pût exhiber : on le lui donna. Petite-fille de roi, nièce de la Dauphine, la pensionnaire qui jouait hier à la poupée, les quinze ans ans venus, prétend avoir un mari digne d'elle. On lui colloque un fils de roi, un bâtard de Louis XV, le comte de Horn, lieutenant de roi à Sélestat et qui sort du service. Poupée de grand prix, non de première fraîcheur sans doute. Très satisfaite pourtant, plus fière que jamais, la petite est prête à nouveau jeu. Halte-là ! *Toccar la mano, non piu.* On l'a décidé en haut lieu. Mariage blanc. « Au couvent, Madame. » Grand dépit. Un beau jour le comte est tué en duel. Le diable aussitôt sort de sa boîte. Aurore est chez maman et tante-marraine. Elle joue la comédie en Saint-Cyrienne bien stylée, comme autrefois Caylus, mais la dévotion gagne les vieilles personnes ; la sienne s'en va, si jamais elle fut. La mère meurt, la tante est embéguinée. Plus de chaperons et la trentaine est proche. Le couvent la happe derechef, parce que l'on est comtesse et que l'on doit respect aux convenances. On soupire, on attend le prince Charmant qui vous tirera des verrous et du veuvage. Il vient, Il n'est pas prince, il a soixante-deux ans, mais il est charmant. Il s'appelle Dupin, oui, Dupin de Francueil pour bien faire. Il fut financier ; il eut maintes aventures, nombre d'amis, dont Rousseau, l'ours mal léché, des amies... trop. Revenu de ces vanités, jeune de cœur et d'esprit, il est agréé. Francueil aime les vers, la musique, un tas de choses qui font la vie belle. Aurore saura la rendre plus douce, ajouter à tout du prix. On s'aime, on s'épouse. Neuf mois après naît un garçon, qui sera brillant soldat de la Révolution et de l'Empire, aide de camp de Murat, père d'Aurore Dupin (1), Aurore III⁰. Celle-ci épouse un Dudevant : le nom est fâcheux ; le mari le devient. On rejette l'un et l'autre et cette Aurore, la romantique, fera pleurer Musset ; ce sera George Sand.

(1) V. George SAND, *Hist. de ma vie*, édit. in-12, t. Iᵉʳ, chap. Iᵉʳ et les tomes suivants pour les pages qui précèdent. Maugras et Jullien ont largement puisé à cette source.

*
* *

Autour de cette gloire que d'étoiles de diverses grandeurs ! Sandeau, Litz, Chopin, Dumas, Pierre Leroux, Cleringer, Maurace Sand, fils de la romancière, Maurice Rollinat, fils d'un ami de toujours, qui ne fut jamais pour elle un amant, Rollinat le poète des *Brandes* berrichonnes, le poète aussi des noirs frissons, de l'épouvante hagarde. — Et maintenant que voyons-nous ? Un Pierre Benoît qui, par une audacieuse métempsycose, évoque, au début de la Grande Guerre, une Aurore de Koenigsmark. Que ce soit bien celle d'Auguste II et de Charles XII, immortalisée par Voltaire, je n'en suis pas sûr ; mais elle lui ressemble. Vivra-t-elle dans la mémoire des hommes ? L'avenir répondra.

Le présent a son Aurore IVe du nom, petite-fille de George la grande. Femme d'un peintre et déjà veuve, vous la verrez au *Bulletin de l'Art ancien et moderne*, en petit marquis, assise en un fauteuil et lisant ; on dirait un Meissonnier. Le portrait est du mari, Frédéric Lauth (1865-1924). Mme Aurore Lauth-Sand romancière, comme son aïeule, a donné récemment *Encarnacion*. Elle écrit aux *Débats* depuis peu. Puissent nos enfants et nos petits-enfants voir longtemps verdoyer parmi nous de beaux rejetons d'une race si forte.

*
* *

Colardeau est revenu à sa vie de célibataire, en quête d'un établissement définitif. Quelques années vont se passer, grises et mornes. On le sent désemparé plus qu'il ne croit, plus battu de l'orage qu'il n'ose dire. Il se donne à des tâches diverses, mais vaines, car elles vont toujours à satisfaire les oisifs et les heureux du monde. Il ne connaît point les joies de la création, si humble qu'elle soit, ni celle du travail librement consenti et sans autre ambition que d'ajouter son effort à la tâche commune. Il n'a pas su

tirer de sa souffrance une matière d'art, suprême réconfort. Il met sur le métier une comédie qu'il achève assez
vite, remanie longuement et qui ne paraîtra qu'après sa
mort, sans avoir été représentée, les *Perfidies à la mode*,
pâle imitation du *Méchant*, de Gresset, qui n'est lui-même
pas très méchant, « spectacle dans un fauteuil » à oreil-
lettes pour un lecteur ami de la morale et d'un facile sommeil. Ni fantaisie ni poésie ; de comédie fort peu, de satire
point, et l'on ne peut voir là une œuvre de vengeance
contre une infidèle. Revenons à la correspondance fami-
liale, négligée quelque temps, puis reprise avec plus
d'abandon. Voici, pour finir, une lettre non datée, mais
qui est sans aucun doute du début de 1764. C'est une des
plus importantes du dossier de l'Arsenal :

« il n'y a, mon cher oncle, nul retour à craindre de mes
« faiblesses passées. ces sortes de ruptures une fois faittes
« ne sont jamais suivies de raccommodemens, que sous
« la peine du plus grand ridicule dans le monde et per-
« sonne n'est assés indépendant du public pour braver son
« opinion. toutes mes mesures à cet égard sont prises de
« manière que je n'ai nulle rechute à craindre desormais.
« soyés tranquile (*sic*). les femmes ont un moment de sen-
« sibilité, mais comme leur cœur a peu de tenüe, si on
« peut échapper pendant quelque tems à leurs larmes, le
« triomphe est bientôt obtenu. l'amour propre succede à
« leurs regrets et elles cherchent à se venger par de nou-
« velles conquêtes. je vous peins des mœurs fort compli-
« quées et qui n'ont pas la simplicité de celles de la Pro-
« vince. vos frayeurs sont fondées sur les faiblesses de
« l'humanité, telle que vous la voyés. mais dans cette
« ville cy tout est opposé au cours ordinaire des passions.
« tout est factice, rien n'est vrai et les sentimens les plus
« naturels sont soumis à ce qu'on nomme des procédés et
« conduite dans le monde. il y a des méthodes pour tout
« et une façon de vivre établie dont les principes forment
« ce que nous appelons les Mœurs. dans la situation où
« je suis il ne m'est plus permis après l'éclat que j'ai fait
« de renoüer une liaison déjà taxée de duperie par sa

« durée. la femme elle-même ne pourroit courir après moi
« et la quinzaine passée tous ses titres sont tombés dans la
« prescription. voila le monde charmant où nous vivons.
« vous voyés que quand la raison vient nous éclairer et
« nous montrer tout le faux de ces plaisirs, il n'est pas
« bien difficile de lui préparer des occupations plus amu-
« santes et moins vuides que toutes ses illusions. personne
« n'échappe aux faiblesses qui m'ont assoupi quelque
« tems, mais personne n'ont (*sic*) plus ne les prolonge
« au delà d'un certain âge. voilà ce qui doit vous rassurer
« et vous donner toute confiance dans mes résolutions.

« il faut absolument que je reste ici jusqu'au mois de
« fevrier. j'ai besoin de faire des recherches qui me
« seroient impraticables chés vous. il est d'ailleurs neces-
« saire que je reparoisse dans le monde et que j'y con-
« firme une rupture exigée par toutes les personnes qui
« s'intéressent à moi. j'ai déja revû une grande partie de
« mes connoissances. je me suis montré dans les spec-
« tacles. mes amis m'y portent en triomphe et vantent
« mon courage. Dorat fait on ne peut mieux les honneurs
« de notre amitié et nous nous sauvons des questions épi-
« neuses par des plaisanteries qui mettent les rieurs de
« notre côté. tels sont les français, leur raison est folle et
« le fou rire les prend au milieu des choses les plus
« sérieuses. il n'y a pas beaucoup de conséquence dans
« tout cela, mais il y a de quoi s'amuser et c'est tout ce
« qu'il faut à notre frivole nation. tout est jargon, tout
« est parodie, tout est esprit et un français charmant ne
« pèse pas deux onces. » (1).

---

(1) Colardeau parle ensuite de ses embarras financiers : cent écus
promis à Doyen pour leur loyer. Où les trouver ? Il n'a que deux louis
pour toute ressource. On est en hiver, temps ruineux pour le bois
et les fiacres dont on ne peut se passer.

On attend les grandes réformes de M. de Laverdy, nommé Contrô-
leur général des finances le 12 décembre 1763. Colardeau ne peut partir avant le mois de février. C'est donc entre ces deux dates que la
lettre est écrite.

XI

LE PORT

« Dis-moi ce que tu manges, je te dirai ce que tu es. »
Aphorisme profond. Brillat-Savarin, son auteur, en péné-
trait-il les conséquences sociales autant qu'individuelles ?
L'aurait-il cru qu'un philosophe qui ne s'est guère assis
qu'au Banquet de Platon, et, d'après la chronique, à quelques agapes peu chrétiennes, expliquerait par là le génie
de certains peuples ? Vous connaissez le système. Quel a
été le vainqueur de Waterloo ? — Le bifteck. Et celui de
tant de combats de boxe ? — Le bifteck. Car comment
« tomber » un athlète de la force de Napoléon et comment fracasser tant de mâchoires pour l'ébahissement mou-
tonnier des foules, si l'on ne faisait aux bords de la Tamise
une effroyable consommation de viande saignante ? et
voyez que l'Athènes moderne, moutonnière aussi, s'est mise
au bifteck et qu'elle a eu son Carpentier, lequel a trouvé
son Waterloo sous le poing d'un mal blanchi. La vieille
Athènes avait pratiqué cet élevage humain pour les jeux
olympiques. Euripide protestait vainement contre l'excès
du régime carné ; il n'admirait pas les athlètes, mais Euripide était un esprit chagrin, les femmes le détestaient.
Faites donc pour elles des *Iphigénie* !

Pourquoi les Flamandes sont-elles blondes comme les
blés ou comme le colza ? Pourquoi ces crinières d'un fauve
ardent et ces taches de son, quelquefois, sur d'éblouissantes
blancheurs ? Farine et faro, laitage, force viande ont fait
ces carnations à la Rubens et ces trognes de Téniers, de
Franz Hals. De là ces « gueux » qui brisèrent la tyrannie
d'un Philippe II ; de là ces milices bourgeoises d'allure si
pacifique qui naguère arrêtaient le Vandale.

Pourquoi la gloutonnerie de ces Vandales aux yeux bleus,
leur ivresse crapuleuse vautrée chez le Belge et chez

nous comme dans une bauge ? Pourquoi ? Les Watteau, les Lancret de Postdam pourraient nous répondre. Ils nous diraient ce qu'on entendait là-bas, dans cette Cour, par « *délicatesses* » : Saucisses, saucisses, ainsi que dans le *Conte de Noël* de Paul Arène ; des kilomètres de saucisses dans ces ventres princiers et sur l'ardente soif allumée en ces ventres, des tonnes de Munich. Non. Saint Antoine n'eût pas été tenté par cette ripaille sans esprit. Quelle tendresse redoublée pour son pauvre ami, si vilainement sacrifié aux vices humains ! Il veut bien, « le cher ange » (Ce n'est pas moi qui parle et encore moins le saint), **il** consent qu'on le mange, lui que l'on condamne à manger toujours et de tout et dans quelle ordure ! mais qu'on l'immole au moins à de jolies gourmandises. Saucisses d'Alsace, saucisses du Dauphiné, de Provence ou de Bretagne, oui, et des vins fins, de fines gens pour déguster tout cela, on s'y résigne, on est à l'honneur ; mais tant de carnage pour satisfaire à d'ignobles appétits, pouah ! « Dismoi ce que tu manges... »

*
* *

Colardeau mange des pâtés. Il est du Gâtinais ; il aime son pays, non qu'il veuille y demeurer, mais il y pense, il le retrouve, la fourchette en main, d'un cœur attendri. Que d'images peut évoquer en nous par l'effet de l'absence, le fumet d'un plat ! Images du terroir natal surtout. Je sais un Président de la République qui aux plus somptueux menus officiels préférait des « caiettes », un hachis de légumes et de chair, vrai régal, et c'était la chair du « caiou », « l'habillé de soie », le « noble ». Il a presque autant de noms qu'un grand d'Espagne, cet animal que proscrit le Deutéronome : « Le pourceau aussi vous sera impur, parce qu'encore qu'il ait la corne fendue, il ne rumine point. » (xiv. 8.) Un plat de chez nous, cela vaut bien, pour nous émouvoir, « le ruisseau de la rue du Bac » de Mme de Staël. Ne dirait-on pas qu'elle fît la gamine dans son quartier ? Ne rions pas. L'homme est toujours enfant et au fond de tous nos sentiments est la puérilité.

Colardeau aimait les pâtés d'alouettes, goût relevé. Je lui voudrais tout de même quelques remords poétiques, un regret, en péchant, pour l'aloue gauloise, délice de nos plaines. Ecoutez le vieux du Bartas :

> La gentille alouette avec son tire-lire
> Tire l'ire à l'iré et tirelirant tire
> Vers le pôle brillant (Semaine, V.)

La muse colardinette n'a pas cet essor chanteur, ces trilles frémissants d'aérienne gaieté, que réprouva long-temps le goût classique. Le pâté est au provincial souvenir du pays, mais surtout économique déjeuner en sa gar-çonnière. Point d'apprêts : on peut vaquer à des besognes diverses en contentant Gaster. On se leurre, Gaster n'étant pas de ceux que l'on attrape aisément. On écrit à la maison, sur le coin de la table, l'assiette auprès. « Paris, « 12 fév. 1765. j'ai reçû, mon cher oncle, les deux pâtés « et je vous prie de m'en faire faire un pour mon Carême « un peu ample et composé de perdrix et d'un levreau. je « dîne tous les jours chez moi et je vais être bien emba- « rassé dans un tems où le maigre est fort cher et le gras « fort mauvais. comme vous ne comptés partir pour Yen- « ville que dimanche vous aurés le tems encore de me « rendre ce service. il faut que le pâté parte ce jour-là « absolument parce que dans l'autre semaine il ne seroit « plus temps et qu'on saisit dans le Carême toutes les « viandes cuites et non cuites. »

Son Carême ! Ce neveu ne se gêne point. Il fait des pro-visions comme pour un siège ; le curé sera son pourvoyeur en gras pour un temps de mortifications. Et le 9 mars, le Carême venu, autre message culinaire, maigre satisfac-tion : on mange encore le gros pâté « dont les perdrix se sont trouvées un peu dures, mais le lièvre excellent. c'est une bonne ressource en ce tems ci ». Peste ! monsieur le dégoûté ! Qu'en dit l'abbé ? mais plutôt que dit Gaster ? Il murmure, il gronde et puisqu'on n'a point médité la

sagesse du Deutéronome et les accommodements de la nouvelle loi, Gaster fera des siennes.

Le pis, c'est qu'on n'est pas le seul à aimer le pâté et
qu'on vous en demande dans le monde où l'on dîne, où
l'on soupe, où l'on fait réveillon : le voilà l'instrument
des vengeances de Gaster. Commissions de toutes parts. Le
5 janvier, on le priait encore (il y avait donc des précé-
dents) de faire expédier six douzaines d'alouettes, soixante-
douze gosiers chanteurs. O Vitellius, il te fallait des langues
de rossignols par platées, tu n'étais qu'un goinfre impérial
et pour tes ravages tu avais l'univers ; mais ces mangeuses
d'alouettes n'ont que trop de goût et, sans plus de pitié que
toi, sont plus meurtrières à notre France. — Et ce pauvre
garçon, Mesdames, y songez-vous ? — « Du pâté ! mangez
avec nous. Du pâté de Pithiviers ! A vous, cher, cette
tranche de votre pâté. » Cela devient monotone, comme
les « anguilles » du conte.

*
* *

Parmi ces préoccupations intestinales, les picoteries de
la gent écrivassière continuent à se faire sentir. Ce n'est
pas bon pour la bile et d'autant moins qu'on affecte le
calme. Bile qui s'épanche, j'en appelle à nos docteurs, ça
doit soulager ; bile rentrée, rengrègement de mal, j'imagine. D'autre part, une complexion trop riche, un embonpoint trop fleuri épaissit les idées, incline à l'optimisme
béat. Un peu de fièvre au sang donne à l'esprit sa pointe,
au regard intérieur plus de clairvoyance. De cette finesse
d'observation je crois trouver quelque chose dans ce jugement sur Voltaire. Le Dictionnaire portatif venait de
paraître (1764), première ébauche du Dictionnaire philoso-
phique. Pas de nom d'auteur, mais sa griffe à toutes les
pages et terrible. Colardeau écrit, dans sa lettre du 5 janvier, après avoir transmis la commande des six douzaines
d'alouettes : « C'est à peu près le précis de toutes ses opi-
« nions et de ce qu'il a répandu dans le corps de ses

« ouvrages. La relligion n'y est nullement ménagée. La
« Cour et le parlement en ont été indignés, mais il a eu,
« dans les cabinets, le succès de l'esprit. L'homme qui
« pense à tout et qui ose dire tout ce qu'il pense finit par
« subjuguer son siècle. On a un air neuf, l'air de l'indé-
« pendance. on impose à l'esclave qui l'admire, et tout
« cela mène rapidement à la réputation. J'imagine cepen-
« dant, qu'il vaut mieux respecter des préjugés utiles, sup-
« posé même que tout ne soit ici-bas que convention
« humaine, ce que je suis loin de penser. Le règne de la
« philosophie n'a point rendu notre siècle meilleur que
« les autres et je ne vois pas ce qu'on a gagné à changer
« les opinions. Les âmes n'ont plus d'énergie. On a tout
« généralisé, il en résulte qu'il n'y a plus d'esprit natio-
« nal, de patriotisme et le ressort trop tendu a perdu de
« son élasticité. »

Colardeau se trompe et se contredit. N'a-t-il pas écrit un
poème sur le Patriotisme ? Ne lui souvient-il plus que
notre défaite provoqua un réveil des énergies françaises ?
la guerre d'Amérique en fut l'affirmation glorieuse, mais
il n'était plus là pour s'en réjouir. Le Français retrouve
ses vertus dans les grands périls. On le croit terrassé, il se
relève, fait l'étonnement du monde. Il s'énerve dans la
prospérité, gaspille sa victoire, et tend une main amie à
qui veut l'étouffer.

Colardeau a-t-il lu jusqu'au bout ce petit livre ? Je voudrais en douter, par égard pour lui. Qu'a-t-il pensé de
ceci (1) : « Telle est... la condition humaine, que souhaiter
la grandeur de son pays c'est souhaiter du mal à ses voisins. Celui qui voudrait que sa patrie ne fût jamais ni plus
grande ni plus petite ni plus riche ni plus pauvre, serait le
citoyen de l'univers. » Sottise odieuse d'un homme de
tant d'esprit. Et pas un mot de protestation ici ! Condorcet,
qui n'est pas suspect de tiédeur dans son culte pour Voltaire, a pris la peine de réfuter ce sophisme en une note de
l'édition de Kehl. Colardeau n'avait pas la dent qui se fait

____

(1) *Dictionnaire portatif*, 1764, p. 297.

craindre, il n'avait pas la flamme, l'indignation généreuse.
Honnête et timide, en cela semblable à tant d'autres, pre-
nons-le tel qu'il est.

*
* *

Mais voici qu'un rival, plus heureux que lui, triomphe
sur la scène. Nul dépit. Souvent faible, cette âme n'eut
jamais de noirceur, ne fut point envieuse. Voltaire enrageait de tout applaudissement qui n'était pas pour ses
œuvres. Colardeau bat des mains et dit son plaisir avec une
sincérité ingénue.

« on donne à notre Théâtre une tragédie dont le succès
« est inouï quoique merité à bien des égards. le sujet est
« tiré du siège de Calais par Edouard III sous Philippe de
« Valois. l'enthousiasme du public et de la Cour tient à
« l'art avec lequel l'auteur qui se nomme *de Belloy* a lié
« l'amour propre de ses spectateurs aux intérêts du sien.
« C'est l'Eloge de la nation française, de son attachement
« pour ses rois et de sa supériorité.sur la nation rivale qui
« se flatte de l'avoir avilie. en un mot, c'est le patriotisme
« mis en action. à ce titre, l'ouvrage mérite son succès qui
« est aussi justifié par des détails heureux. on juge plus
« séverement le fond de l'ouvrage, qui n'est point selon
« les règles dramatiques, s'il y en a d'autres que d'inté-
« resser et de plaire. quant à moi cette tragédie m'a fait le
« plus grand plaisir et je trouve qu'il est toujours odieux
« de nier les impressions secrettes que nous fait un ouvrage
« pour se livrer à des sentimens de jalousie qui ne sont au
« fond qu'un aveu tacite de la bonté des choses que l'on
« critique. »

*
* *

Point d'envie à l'égard des gens de lettres, point de médisance au milieu du monde, vertu plus rare et de pratique
malaisée. Il est si doux de médire ! On se décerne de la

sorte, et sans qu'il y paraisse, un brevet de supériorité qu'un autre vous dérobe pour s'en servir contre vous. Relever un défaut n'est-ce pas s'en exempter ? On obtient à bon marché l'approbation jalouse et le rire lâche. On a de l'esprit en gros sous, monnaie qui roule et s'use vite aux sales contacts. Colardeau a le goût de la propreté et la raillerie, dont sa faiblesse souffre, lui est en horreur. Il dira un jour (1) à sa sœur aînée qui s'était gaussée de lui : « il ne faut jamais ridiculiser les gens que l'on aime. » Les autres, on peut avoir besoin de les tenir en respect, mais de cette arme il ne veut pas, même dans le cas de légitime défense. La plaisanterie seule lui agrée ; elle seule convient à qui la manie avec dextérité, à qui la reçoit gaiement : nul remords et nulle crainte de part et d'autre.

Notre poète s'amuse au spectacle de la vie parisienne ; il donne aux siens des poignées de nouvelles, point d'épines parmi (2). Nouvelliste bien informé, pas de métier, l'espèce alors est vile — il veut satisfaire honnêtement les curiosités provinciales. S'il y a des duretés pour quelques-uns, elles sont collectives et c'est un bruit public : « ... on « se plaint ici de la misère ainsi que chés vous. le vin et « le pain sont d'un prix exhorbitant. on croit que le par- « lement va s'opposer à l'exportation des grains et à un « commerce sourd de farines que des gens riches font dans « les environs de Charenton, où ils ont établi des moulins « d'une nouvelle construction. ces farines sont envoyées « aux îles déguisées par la forme de l'emballage. » (3)

Si le pain manque, on a des alouettes : un *post-scriptum* sollicite au plus tôt deux pâtés de six douzaines. C'est un compte fait, 72, nombre sinistre, une Saint-Barthélemy

(1) Ars. ms. 7573, l. a. s. 20 janv. 1770.

(2) On en pourrait trouver quelques unes, en cherchant bien. V. ci-dessus le portrait de Jabineau, mais on était si jeune alors ! Et l'on parle ici du mondain.

(3) Je n'ai pas la cote de cette lettre, mais la date est donnée par ce qui suit : la Reine mourut en juin 1768 ; Colardeau écrit sans doute à la fin de 1767. P.-S. Voici la cote : 7572, l. a. s. 5 décembre 1767.

souvent répétée de ces pauvres volatiles et jamais un mot
de pitié.

Année lugubre : famine, deuil. « La Reine est condam-
« née par la Faculté, mais le moment de sa mort n'est
« point déterminé. les uns croyent qu'elle passera l'hiver,
« d'autres qu'elle ira tout au plus à la nouvelle année. cela
« tient le luxe dans une suspension rüineuse pour les mar-
« chands d'étoffe et donne un prétexte à l'économie de
« ceux qui ne se prettent que forcément à la dépense de la
« Garde-Robbe. la Reine qui connoît son état, presse l'exé-
« cution d'une fondation qu'elle fait dans Versailles d'un
« couvent d'Ursulines. on y travaille avec chaleur. elle a
« ramassé des fonds suffisans tant par la vente de ses dia-
« mans, qu'elle a fait séparer de ceux de la couronne que
« par le dépôt de sommes considérables que lui a laissées
« le Roy de Pologne. le Roy se prette à tout et l'on admire
« ici ses soins et sa complaisance pendant la maladie de la
« Reine. » L'admiration est de trop. Que n'allait-elle, au
moins, à cette femme, digne d'un meilleur sort ! Epouse
sans tache, mère de dix enfants, quelle fut sa récompense ?
L'affront réservé aux reines du royaume très chrétien,
l'adultère triomphant, étalé à leurs yeux. La turquerie des
mœurs et l'intolérance religieuse, singulier amalgame,
voilà l'exemple qui venait de si haut à ce peuple de France
si léger, si turbulent, mais de clair bon sens, à ce peuple
épris de justice, de vaillance et d'amour.

La reine, lentement, se meurt. Le luxe en pâtit ; l'étoffe
a des crises : les soies à ramages sont délaissées et se
fanent. on ponte sur cette agonie royale, comme au pha-
raon. La Cour en grand émoi. Certains osent parler d'économie. « Liarder, nous ! dit-on à la Cour. Pour qui nous
prend-on ? Et ces dames d'atours qui gagnent leur vie à ne
rien faire, les va-t-on casser aux gages ? Misère, misère !

17 juin 1768. On prépare à Versailles les fêtes du mariage
du Dauphin. On construit, à cet effet, un théâtre. Le bâti-
ment va, c'est bon signe. M. Gabriel, premier architecte
du Roi, fameux architecte, on le sait à Orléans, s'en est

allé en Italie, aux frais du maître (c'est justice) faire des études, lever des plans.

25 juin. La Reine est morte et l'on respire. Par une lettre de ce jour, S. M. fait part de l'événement à M. l'Archevêque. La Cour prend le deuil. M. Jourdain est gaillard : le drap se vend bien. L'évêque du Puy, un Le Franc de Pompignan, prononce à Saint-Denis une oraison funèbre qui dure cinq quarts d'heure, on s'ennuie pompeusement. Voltaire s'approvisionne de sarcasmes. Le roi de Danemark arrive (1), on va s'amuser (21 octobre).

Un roi qui n'a pas vingt ans, ça doit être gai. Ecoutez plutôt :

> Dévoré par l'ennui, cette fièvre des rois,
> Le jeune prince des Danois
> De climats en climats va chercher un remède
> Au triste mal qui le possède.
>
> (*Chansonnier historique*, VIII, p. 141.)

On lui fait fête ; à Paris, à Versailles, c'est un empressement à le voir qui tient du délire ; grandes ou petites dames courent à sa rencontre en carrosses à quatre, à six chevaux, d'autres envoient leur portrait ou quelque engageante miniature ; les tragédiennes déclament avec passion, les nymphes de l'Opéra voltigent autour de lui ; des espérances s'allument, des jalousies s'éveillent. Jettera-t-il le mouchoir ? A qui ? Le berger Paris fut moins embarrassé sur l'Ida. Ici pas de Minerve, quelque Junon peut-être, mais trop de Vénus et combien perfides ! Les dames de la Halle y vont de meilleur cœur, embrassent sur les deux joues ce roitelet charmant qui a pour chacun et chacune un mot aimable. Les Académies haranguent : mauvais remède contre l'ennui. La Sorbonne même ouvre ses portes à cet hérétique qui a donné de l'argent pour Sirven et souscrit pour une statue de Voltaire. Les nouvellistes sont en joie. Mme du Deffand conte avec esprit ces spectacles, tout aveugle qu'elle soit. Notre poète a vu, de ses propres yeux vu, c'est un avantage :

(1) Christian VII (1749-1806) ; monté sur le trône en 1766.

« le roi de Danemark part samedi. je ne sçais sur quoi la
« vivacité françoise va se porter. le mouvement que ce
« monarque lui a donné est inimaginable. le hazard me
« conduisit mardi au Luxembourg où ce prince étoit. je
« pensai être étouffé par la multitude qui s'agitoit dans
« tous les sens pour voir encore ce qu'elle avoit vû pen-
« dant un mois. pour moi mon coup d'œil n'a rencontré
« qu'un homme plus petit qu'un autre et qu'une figure
« assez ordinaire. une belle aurore Boréale, qui m'auroit
« frappé vers le Nord, m'auroit fait plus de plaisir ; mais
« ce qui est rare est phénomène pour le peuple et les vingt
« têtes qui gouvernent l'Europe sont autant de cometes
« pour sa stupidité. au surplus, ce souverain laisse ici
« l'idée la plus avantageuse de lui. la malignité natio-
« nale n'a pû lui donner un ridicule, ce qui prouve tout
« en sa faveur. »

Belles manières, oui, et l'esprit d'à propos ; on ne
demandait pas plus, largesses à part ; mais le peu de cer--
velle de cette Majesté se perdit dans l'étourdissement d'une
sempiternelle représentation. Une autre fût devenu enragé
ou cataleptique, à subir en une journée 16 actes de tragédie
ou d'opéra, sans compter les avalanches d'éloquence. Il allait
bientôt tomber en enfance, après avoir, sur un soupçon
d'infidélité conjugale de la reine, envoyé à l'échafaud son
médecin, dont il avait fait un ministre, Struensée : machi-
nation de belle-mère.

*
* *

Quant à Colardeau, il revient de la campagne frais et
réjoui, mieux que cela, vraiment heureux. Une phrase sur
la « stupidité » du peuple sent la gentilhommière et l'eût
fait un peu plus tard guinder à la lanterne. « Dis-moi qui
tu hantes... » et nous savons quelles étaient ses fréquen-
tations, mais il papillonnait à la ville, aux champs, puis les
champs le fixèrent dans ses affections, sans le retenir plus
qu'il n'était bienséant et hygiénique. Lutèce est une com-

pagne adorée, d'un charme infini, mais exigeante au delà
de toute expression ; vous n'êtes plus à vous, il faut qu'on
soit tout à elle ; tumultueuse, tempétueuse, il faut la
quitter de temps à autre, pour la mieux aimer et lui revenir mieux en forme. La vie de Paris, la vie de garçon,
c'était (Hélas ! ce n'est plus) le pâté d'alouettes à perpé-
tuité, le repas froid, le vin chaud, le punch, l'indigestion,
le mal dormir. C'est le restaurant maudit, institution bien-
faisante pourtant, et qui a fait plus de mariages que la
maison Foy d'ancienne mémoire. Banville le disait, je ne
sais où, dans un de ses feuiletons étincelants de fantaisie.
La prose d'un poète c'est le vol de l'hirondelle rasant la
terre et soudain élancée vers les cieux. La sienne attrapait
des idées toutes socratiques, mais Socrate n'avait point
connu le restaurant.

Colardeau le connaissait trop. Sage, il l'était à la façon
du xviiie : elle laissait à désirer. Indifférent au mariage, qui
n'eût guère convenu à sa débilité, il aspirait au positif, au
pot au feu de noble maison. Or il était deux époux assez
mal assortis, bon ménage au demeurant et cet accord,
en ce siècle pervers, scandalise presque ; on jase, on
jasera toujours. Ils ont un château près de Paris. Les
soirées sont longues, le tête-à-tête sommeillant. Il faut
recevoir. Invités peu nombreux et de choix. Ils reviennent
aux premières feuilles, quand Paris se dépeuple. Un, surtout, est de charmant commerce, toujours exact, libre d'affaires, jeune encore et de bon ton. Il cause bien, lit mieux,
auteur sans pédanterie, poète sans étalage de morale ou
de grossièretés libertines. On s'entend, les goûts sont les
mêmes. Le duo rural petit à petit est devenu trio. Econo-
mie sur les transports, moins de temps perdu à courir les
routes. Ce trio, pourquoi ne pas le continuer à la ville ?
C'est l'avis de Madame... « Nous avons un hôtel trop vaste
où j'ai peur quelquefois, pauvre femme ; un mari âgé, de
vieux domestiques, point d'enfants. Restez avec nous. Pour
vous mettre à l'aise, vous paierez le tapissier, vous serez
dans vos meubles, nous y gagnerons et il y aura moins
d'araignées sur les portraits de famille, moins de souris

dans les armoires. Vous nous lirez vos vers ; je serai la
première à les entendre. Nous ferons un « tri » de temps à
autre ; la philosophie, on la laisse à Mme Geoffrin et à ses
« bêtes ». Vous n'allez pas chez cette bourgeoise, vous avez
raison. Les médisances, c'est bon pour la du Deffand, cette
peste. Et vous ne penserez plus à ces dames d'Auteuil, non
plus qu'à ces péronnelles de la Comédie ou d'ailleurs.
Vous serez sage. »

Ainsi parlait, ou à peu près, à Colardeau, en cet été
finissant de 1768, une aimable châtelaine. Je ne garantis pas
le texte, évidemment. Les propos furent tenus, les autographes m'en répondent, c'est l'essentiel. Promesse donnée, arrangements pris, on écrit à l'oncle, le 20 octobre,
du château de Haudre, la veille de l'arrivée du roi Christian :

« ... M. le comte de la Vieuxville est un homme âgé, sans
« enfans, et ayant pour femme une nièce qui elle-même est
« dans une automne déjà avancé. Ces personnes sont très
« estimées dans Paris et tiennent à la plus haute qualité
« qui forme leur société ordinaire. » Elles lui ont offert un
appartement dans leur maison de Paris, proposition faite
« avec toute l'honnêteté et la délicatesse possibles ». Tous
ses besoins seront ainsi réduits à son « simple entretien
d'habillement ». Il lui faudrait trouver cent pistoles pour
entrer « dans cette maison d'une manière décente. Il faut
« que je soutienne une affiche nécessaire dans ce pays et
« qui donne seule la considération. » Adresser la réponse
« au château de haudre, près Corbeille. A Corbeille chés
« M. le Comte de la Vieuxville ». Colardeau fait arranger
son appartement pour le prochain retour à Paris. Il ajoute :
« Je serai rue Cassette, près le Luxembourg, situation on
« ne peut plus heureuse pour moi en ce qu'elle ne m'éloigne
« point de mes sociétés ordinaires et qu'elle me met à la
« porte d'une promenade assés solitaire pour un rêveur. »
C'était, après une jeunesse trop ballottée et trop souffrante,
l'abri tranquille et sûr qu'il cherchait depuis si longtemps.
S'il eût pratiqué davantage tant de charmants poètes de
France, vers qui se portait déjà, l'attention des vrais let-

trés, s'il ne fût point allé chercher en Angleterre, en Italie, voire chez Montesquieu, la matière d'insipides paraphrases, il eût trouvé, dans le *Racan* de Coustelier (1724) ces vers si doux, prononcés à la normande, et qui justifieront au moins le titre de cette lecture (1) :

> Thircis, il faut penser à faire la retraite :
> La course de nos jours est plus qu'à demy faite.
> L'âge insensiblement nous conduit à la mort.
> Nous avons assez veu sur la mer de ce monde
> Errer au gré des flots nostre nef vagabonde ;
> Il est temps de joüir des délices du port.

(1) Je cite d'après l'édit. de la Bibl. elz. 1857, tome I, p. 196.

XII

TERRE PROMISE

Le poète, précédant ses hôtes, est revenu dans la grande ville en fourrier d'hiver, « pour appareiller son logis ». Le roi de Danemark s'en va, saturé de spectacles et de discours. On célèbre à Haudre la fête du comte. Le fils de la maison adresse un bouquet de vers ou retourne les lire, je ne sais :

> Comte, point de cérémonie,
> Point de tumultueux apprêts.
> Point de ces feux dont l'Ausonie
> A tant varié les effets.
> Point de bal, point de symphonie.
> Beaucoup d'amitié, peu de frais,
> Et voilà ta fête finie.

Et donc pas de feu d'artifice, invention italienne et coûteuse, cause fréquente d'accidents à la ville (1), aux champs même, quoique moins graves. Ni bal ni musique dans les bosquets dénudés. Les nuits de novembre ne sont pas propices à ces réjouissances de plein air et l'âtre qui pétille a plus d'attraits pour les vieillards. Jouir de sa santé, narguer la goutte, comme Chaulieu, ne pas trop se droguer.

> En un mot, comte, et pour conclure
> Trop de prudence est un défaut.
> Je crois les soins de la Nature
> Et les préceptes d'Epicure
> Meilleurs que les poudres d'Ailhaut.

Il changea bientôt d'avis, du moins en prose. Le 29 décembre, installé rue Cassette, il écrivait : « Il y a ici « une espèce de remède général dont j'ai vu des effets pro-

(1) Moins de deux ans après, un feu d'artifice pour le mariage du Dauphin et de Marie-Antoinette est suivi d'un écrasement parmi la foule, présage funeste, dit-on plus tard, d'un règne malheureux.

« digieux... C'est la poudre d'Ailhaut. Cependant il est très
« doux et je lui ai vu détruire les maladies les plus invé-
« térées. Il est d'un usage habituel dans la maison où je
« suis. Le comte de la Vieuville, âgé de 72 ans, lui doit les
« beaux jours d'une vieillesse vigoureuse et sans infir-
« mité. » C'est donc un remède à l'usage de ceux qui se
portent bien, remède à la « *nica panis* ». Il se peut. Jabineau, dans l'édition de 1779, mettra cette note : « Ailhaut,
charlatan qui vendoit une poudre dont se sont trouvés mal
presque tous ceux qui en ont fait usage. » Accordez vos
flûtes.

Ancien mestre de cavalerie, le comte de la Vieuville
avait quelque prétention à la rimaille, s'il faut lui attri-
buer (je n'en doute point) certaine épître à Voltaire, miel et
vinaigre, que mentionne Bachaumont (1). Cela débute par
un portrait où les précieuses se fussent voilé la face ; leurs
petites filles n'y songeaient pas. Nous sommes redevenus
pudibonds — singuliers revirements — et une rime sur
la 17ᵉ lettre de l'alphabet m'interdit la citation ; c'est fort
heureux, car il faut se hâter vers la fin. Portrait ressemblant, trop peut-être au gré du modèle, qui trop souvent
avait le crayon féroce, mais n'entendait point qu'on lui fît
ce qu'il faisait à autrui, si joyeusement.

L'animosité de Voltaire et l'amour de la rime, double
lien de sympathie entre le poète et le vieux gentilhomme.
La tendre amitié de la femme venant s'y ajouter, ce fut un
écheveau de sentiments que la psychologie moderne n'arrive guère à démêler. Nous nous croyons subtils, mais
parce que nous rapportons tout au présent, le sens historique nous manque. Qu'il nous suffise ici de constater les
faits, ce ménage à trois, dont il est alors tant d'exemples
illustres et je ne dis pas que ce soient bons exemples.

Le neveu a trouvé les cent pistoles, c'est encore un fait
et qui compte, l'oncle ayant avancé la plus grosse part,
garanti le reste, on l'a remercié avec effusion : « jouissés,
« mon cher oncle, du plaisir d'avoir obligé. vous m'avez

(1) T. 1, p. 294. Le nom, d'ailleurs, est estropié : la Viéville.

« servi dans l'occasion la plus importante de ma vie et sans
« vous il m'eût été impossible de proffiter d'une offre qui
« me donne l'existence la plus honnête... je serai le quinze
« dans ma nouvelle demeure que j'ai fait arranger sans
« faste, mais avec propreté. vous n'imaginés pas tous les
« avantages qu'aura pour moi ce nouvel arrangement. l'es-
« sentiel est de passer six mois à la campagne sans nulle
« espèce de dépense et dans la liberté entière du cœur et de
« l'esprit, d'y vivre avec des personnes dont le ton
« m'avance dans cette étude des hommes et du monde si
« nécessaire aux gens de lettres. je mets au-dessus de tout
« cela la plénitude que je trouverai dans ma vie et le peu
« de besoin que j'aurai d'aller chercher l'amusement pour
« remplir le vuide du desœuvrement ou du repos. » (1).

Ce dernier argument dut toucher le bon curé. La campagne reprenait l'enfant prodigue ; six mois seulement,
autant de gagné. Et puis, rustique et finaud, l'oncle, sans
se l'avouer, était flatté qu'un régime si économique fît d'un
rimeur sans aveu un quasi châtelain. Faiblesse sans doute,
mais quel cœur n'a les siennes ? Faiblesse aussi de la part
du neveu ou plutôt erreur du jugement de croire que pour
être auteur comique (car c'est bien la préoccupation du
moment), il faut vivre parmi les gens que l'on veut peindre,
manger à leur table, demeurer sous leur toit. La Bruyère
sut ce qu'il en coûtait. Encore avait-il un emploi, il gagnait
amplement nourriture et loyer. Molière voyait le roi souvent, il avait un service envié à la chambre du roi, mais il
était riche par son travail, comédien sans doute, mais grand
bourgeois, ayant pignon sur rue, maison et jardin aux
champs. Quel auteur aujourd'hui voudrait de la situation
de Colardeau ? Progrès des mœurs en cela du moins, recon-
naissons-le.

(1) Ars. mss 7572, 7 décembre 1768.

*
* *

Quitte pour le moment envers l'oncle, la gratitude du neveu s'épand sur la famille, sur la parenté plus ou moins proche, sur les gens du voisinage. C'est une rosée de bons conseils, où parfois passe, comme un air frais, un peu de malicieuse gaieté ; point de satire acerbe. C'est la leçon d'un homme heureux, bien posé dans le monde, ami des convenances, assez dédaigneux à l'égard des femmes, qui l'ont pourtant si bien traité, mais dont il sait le faible plus que les réserves de dévouement, de résolution, d'héroïsme même. Ce moraliste mondain ne manque pas de perspicacité, mais sa pensée, non plus que celle du siècle, ne porte pas très haut, d'ordinaire. Si misérable que soit l'humanité, elle a des sommets où son regard n'atteint pas.

La sœur cadette a-t-elle, comme lui, connu la passion ? Fut-elle trompée ? Il ne s'explique pas là-dessus. « vous « faites sagement, dit-il à l'oncle, de suspendre vos réso- « lutions sur le parti que veut prendre ma sœur. il est tout « simple qu'à son réveil, elle ait cru tous ses rêves finis ; il « est encore naturel qu'elle n'ait vû d'azile convenable pour « elle que l'obscurité d'un couvent. on rougit de reparoître « dans le monde à la suite d'un égarement de raison..... « quand une jolie femme sort ici d'une petite vérole on ôte « toutes les glaces de son appartement. je crois qu'il faut « traiter de même les cerveaux faibles, leur parler peu de « leur folie ou le faire de manière à paroître sûr du retour « de leur raison. si ma sœur est assés heureuse pour être « parfaitement retablie, elle sentira peu à peu le fonds de « vos résistances sur le parti du cloître... elle reviendra « chés vous avec plaisir, surtout si dans son couvent on ne « lui monte point l'imagination sur le roman de la vie « relligieuse » (1). Elle revint et de couvent il ne fut plus parlé.

(1) Ars. mss 7572, 7 décembre 1768.

*
* *

On parlait déjà d'autre chose : autre ennui pour le bon
curé. La rumeur fut grande parmi la gent dévote et, faut-il
le dire ? à l'ombre de l'église. Tandis que là-bas, dans la
grande ville, le neveu se rangeait, des femmes, en quelques
cantons du Gâtinais, perdaient la tête, jeunes femmes, plus
imprudentes que coupables, on le peut croire. Le coupable
fut un mauvais berger que l'on ne nomme point ; les
ouailles, on les désigne en toutes lettres. Contentons-nous de
l'initiale, la même pour deux d'entre elles. On doit épargner
autant que possible, si lointaine que soit déjà leur mémoire,
des femmes qui sans doute furent mères. Cela, du moins, ne
se passait point autour de Saint-Salomon. La sagesse y fleu-
rissait en l'abbé Venou, digne second du vénéré pasteur. Il
a toute l'estime du neveu, qui l'embrasse souvent en post-
scriptum. Où placer la scène ? Peu importe. Une Mlle P. va
se marier. Il faut un trousseau qui ne soit pas provincial, un
expert, pour le choix des étoffes, qui ne soit pas une bête.
C'est un petit abbé qui l'accompagne. « Qu'en dit l'abbé ? »,
vous connaissez l'estampe. Elle en dit assez sur cette espèce
animale non cataloguée dans M. de Buffon, qui n'a pas fini
son Histoire. Noir plumage, collet blanc, de la cervelle peu,
un joli caquet, fort impertinent, mais qui se perd dans le
bruit de l'immense volière. C'est l'abbé de Paris, non celui
dont je parle, abbé vicariant dans un village et qui a charge
d'âmes. Voilà le mal. Si Colardeau avait eu l'esprit d'être
méchant, une étincelle de génie comique, il eût trouvé là
de quoi composer un proverbe dans le goût de Carmontelle :
la Fiancée à la mode ou *De grand fiancé, grand faillance.*
Cela, on l'eût mieux compris que ces *Perfidies à la mode*,
toujours remises au lendemain et qui ne virent pas les
chandelles allumées. Cette *Fiancée*, ne l'eût-on pas écrite,
il en serait resté quelque chose en ces lettres. De la pitié
pour une malheureuse, une indignation généreuse contre

cet abbé qui se croit « à l'instar de Paris », singe malfaisant.
Au lieu de cela, de la morale à l'eau de rose : « Je ne vous
« ai point répondu sur le mariage de Mlle P... je ne doute
« point que son établissement ne tourne de la façon la plus
« heureuse. Ces réalites du mariage paroissent bientôt à une
« jeune personne préférables de beaucoup aux chimères de
« ses premiers romans, surtout lorsqu'elles l'ont toujours
« trompée. je fus fort étonnée de trouver le petit abbé asso-
« cié au voyage de Paris. il me parût être là pour ne rien
« perdre de vue et suivre les choses aussi loin qu'il le pour-
« roit. non que je pense qu'il y eût de la part de Mlle P.
« d'autre motif que son inconséquence accoutumée. mais
« il y a dans ce pays-ci une décence qui ne permet pas ces
« sortes de légèretés. le goût de l'abbé n'étoit qu'un pré-
« texte insuffisant pour la fiancée et qu'un ridicule pour le
« connoisseur en parures. mais tout est bien effectivement
« quand tout est tel dans les intentions. » — Non, tout est
au pire, car l'exemple est détestable. Colardeau commence
comme Arsinoé : « Je veux croire qu'au fond il ne se passe
rien », il n'ose conclure. « Mais enfin on en parle et cela
n'est pas bien ». Arsinoé a raison. — Quant à la décence de
ce pays-ci, elle apprête à rire. Monsieur est à cheval sur les
convenances, seul point qui le touche ; c'est fâcheux, car il
y eut récidive ; une volée de bois vert sur « l'instar » l'eût
peut-être empêchée. On lui a dit « l'historique », du mariage
de Mme P... « les femmes se donnent tous les ridicules
« qu'elles peuvent imaginer... Mme P. n'est gueres plus pru-
« dente que Mlle P. du reste le petit abbé tient dans tout
« cela la conduite la plus misérable. c'est aux hommes à
« régler les démarches d'une femme assés peu sensée pour
« se mettre à découvert et toute la malhonnêteté tombe sur
« lui quand sa fatuité souffre qu'elle se compromette » (1).
Voilà mieux parler ; mais le scandale est donné.

(1) Paris, 7 décembre 1768.

*
* *

A cheval ! Je parle sans figure. Colardeau a un cheval à son service, un bon petit cheval, doux au monter, doux à l'aller, doux à la chair tendre, tel qu'il en faut au poète qui jusqu'ici n'enfourcha qu'un Pégase peu rétif. Et l'on va par les champs et sous bois, avec les dames. On chasse même, on fait mille imprudences et vite on les paie. Au retour d'un souper dans une maison de campagne, on a voulu suivre à pied la voiture ; marche un peu précipitée, crachement de sang, toux convulsive. Médecin appelé : six semaines de diète, inaction, silence, quatre saignées, régime très exact : « mes crachats n'ont plus qu'une teinture légère et cela à des momens fort éloignés les uns des autres. je prends des bouillons au mou de veau avec de la grande consoude, des pignons blancs et du sirop de guimauve de fernel. je bois dans le jour de l'eau de riz, dîne légèrement et ne soupe point. mes hôtes me traittent comme l'enfant de la maison et j'ai éprouvé dans cette circonstance jusqu'où allait leur amitié pour moi ». Le malade n'a pas voulu informer avant le danger passé. « d'ailleurs, depuis près de deux mois, on m'a ôté plumes et papier ». Espoir de prompte convalescence, imagination guérie. « c'est elle qui tue la moitié des malades. je ne connois rien de si noir que les rideaux d'un lit de quelque couleur qu'ils soient ». Que n'ôtait-on tous rideaux ? Les forces reviennent, promenade en calèche dans la forêt de Senars. C'est là que Mme Lenormand d'Etiolle, par un hasard très politique, avait, pour la première fois rencontré Louis XV. Morte, maintenant. Qui pensait encore à la marquise de Pompadour ? Colardeau l'oublie, mais il n'oublie pas de dire, en finissant, qu'on ne signe plus que les lettres d'affaires. Mode fâcheuse, précaution inutile contre le cabinet noir. Un nom qui manque au bas d'une lettre, c'est un vol qu'on fait aux amateurs d'autographes. Colardeau, le chevalier d'Aydie, le chevalier de Boufflers auraient bien dû songer, d'autres aussi, au tort qu'ils nous faisaient. Et les paraphes étaient si beaux, les

majuscules si hardies ! La signature alors, c'est un abrégé
de la personne. Il nous faut celle-là pour avoir à nous,
devant nous celle-ci.

Retour à la ville en novembre 1769. Le mal à peine blanchi, le pauvre garçon se croit hors d'affaire. Sa gaieté naturelle prend le dessus ; il connaît des jours heureux. Très
répandu dans le monde, il porte l'épée ; il a un domestique
qu'il paie de ses deniers sur une rente viagère, débris du
patrimoine . Il a un chiffre en brillants, une tabatière en
or. Chez lui peu de meubles qui lui appartiennent, mais
quelques tableaux et son portrait par Voiriot, qu'il léguera
par testament à Mme de la Vieuville pour le transmettre elle-
même à son plus proche parent à lui du côté maternel. Ces
arrangements seront pris plus tard en toute amitié. Voilà
donc le portrait authentique, plusieurs fois gravé, le seul,
semble-t-il, que l'original tienne pour sien, en dépit de
Diderot. Où est-il maintenant ? (1).

*
* *

La correspondance reprend, affectueuse, plaisante et
affairée avec Pithiviers. On écrit d'Etiolle, le 1er septembre 1770 (2). « le goût des cailles a pris violemment ici,
mon cher oncle ; on m'en demande à grands cris qui soient
en plume ». Suivent des recommandations détaillées pour
l'envoi en grande vitesse, la vitesse de ce temps-là, qui, ma
foi, vaut souvent la nôtre ; c'est le beau-père de l'abbé
Venou, prêt à reprendre ses voyages ; ce sont marchands de
veaux passant par Essonne ; empaqueter les cailles pour
qu'elles soutiennent deux jours de route sans se gâter. De
leur fraîcheur nous douterions aujourd'hui. Lui ne doute de
rien : « je me porte à merveille ma toux est totalement finie.
j'ai remonté à cheval, le temps est très favorable à cet exer-
cice. les matinées sont fraîches et le soir nous avons le plus

----

(1) V. le testament de Colardeau. *Bull. de la Soc. Arch.* II, 287.

(2) Ars. mss 7572, p. 206.

beau ciel pour nos promenades (1) ». Et personne pour lui crier : « Où cours-tu, malheureux ? » Il vous prendrait pour un acteur de tragédie.

Après les cailles, les caillettes ; pas fraîches du tout, celles-là. On est moins pressé de les recevoir ; elles d'autant plus impatientes de vous avoir ; car elles s'ennuient les Arianes dans la paix des champs. Elles envoient des héroïdes désespérées, héroïdes, oui ; car les vers s'y mettent, grave symptôme. « j'ai reçu une longue epître de Mme de Canonoi, dattée du jour de mon départ. rien ne m'a plus surpris que cette missive où l'on me fait les plus grands reproches sur mes rigueurs. la prose est coupée de vers prétendus, j'ai répondu très honnêtement... ». Il se peut, mais il a coupé court à ce commerce épistolaire. Et ce qui suit est moins honnête : « j'ai amusé nos hermittes du griffonnage de cette femme dont mes poches étaient pleines ». Il a mal fait et mon vieil âge plaint cette délaissée. « Il ne se faut jamais moquer des misérables ».

Et voici pour la sœur cadette un « Art d'engraisser les poulets les pigeons et les dindons et les canards » qui a tout l'air d'un persiflage. Le bonheur va-t-il gâter ce cœur si tendre ? Ne craignez rien ; il passera trop vite. « l'Art... etc., dédié à Mlle Colardeau cadette : de la farine d'orge depouillée de son, detrempée avec du lait... en souffler deux fois par jour matin et soir aux poulets. la manière de souffler consiste à remplir sa bouche de cette bouillie et de l'éjaculer par le souffle dans le bec de la volaille... l'engraisseuse peut par maladresse s'engraiser en même temps ».

Avec la sœur aînée point de plaisanterie de cette sorte ; on l'estime trop, elle a de l'esprit et ce sel serait gros pour elle ; mais quelle singulière vigilance pour sa santé et comment oserais-je copier pour vous ces deux lignes si elles n'étaient adressées à un curé : « ma sœur Vilars a-t-elle repris ses chauses ; je lui conseille de ne pas attendre davantage. ses maux de dents pourroient bien tenir à cette nudité ». Provision de bonnes nouvelles : hôtes nombreux.

(1) Ars. mss. 7572. p. 206.

« nous avons un lieutenant général que je désole au tric-
trac et qui me rembourse de mes frais de voyage ». Le blé
toujours cher malgré l'abondance de la récolte, le comte
fort content de la sienne « il fait battre et la gerbe rend
beaucoup, sa colère contre les chardons est fort dépla-
cée. il n'en a absolument point dans sa moisson »
(*ibid.*, p. 207, v°).

*
* *

Sur ces joies d'un jour le malheur s'abat : le comte meurt
(16 décembre 1771) « hier à une heure et demie après midi
« il a expiré sur sa garde robbe en poussant un seul sou-
« pir. j'étois absent et Mme la Comtesse rentroit. vous jugés
« de ma situation présente, environné de la douleur d'une
« famille entière et oppressé de la mienne. je perds le
« meilleur des amis. son testament contient les expressions
« les plus vives j'ose dire de sa tendresse. il me laisse une
montre et quelques livres seuls objets dont il eut à dis-
poser... (1) »

Un malheur ne vient jamais seul, quand on offre tant de
prise au destin. Le 2 janvier 1772, triste lettre de bonne
année : « jabineau notre parent que je vous ai peint quelquefois de couleurs que vous pouviez croire chargées ou
broyées avec le fiel du ressentiment, vient de réaliser tout
ce que je soupçonnois d'après des apperçûs qui appuyoient
mes idées. le jour de noël il a été arrêté et mis au secret au
Châtelet par un décret de prise de corps. il s'agit d'un testament dicté à un juif riche qui deshérite un héritier natu-
tel en faveur de jabineau, légataire universel ou *fidéicom-
mis* en faveur d'une concubine. ce testament a été suivi,
après le décès, de la spoliation de succession, avant que la
delivrance du legs fût ordonnée et elle n'a pas même été
demandée comme les lois l'exigent. cette affaire est
affreuse ». Oui, certes, mais il faut manger et l'on écrit en
post-scriptum : « commander un pâté d'alouettes à mon
pâtissier ordinaire ».

(1) Ars. 7572, p. 243. Paris, 17 décembre 1771.

Il faut trouver de l'argent et la comtesse que l'étiquette condamne comme veuve à ne point écrire de six mois, même pour répondre aux condoléances (1). la comtesse cherche depuis trois semaines 20.000 livres à emprunter (2) « pour nettoïer ses affaires et se mettre au courrant sur ses revenus » on rembourserait en 1775. Après beaucoup de frais « il lui reste plus de 600.000 livres de biens plus que suffisans pour des suretés ».

*
* *

En 1775, Colardeau fera son testament. C'est le seul des grands projets que sa vie finissante poura mener à terme. Hélas ! notre vie se précipite, quand nous croyons marcher vers la terre promise. Le port ne suffit plus. On entrevoit des lointains lumineux, infinis, c'est la gloire, le soleil des morts, mais l'on veut voir encore le soleil des vivants. Aux bords du fleuve souverain qui vit passer l'histoire, une Coupole se dresse, salle d'attente de l'immortalité. On y est bien, nulle hâte d'en sortir. Souvent même on manque le train et l'on s'embarque sur le Léthé : cela se fait sans qu'on y pense. Accès difficile, au contraire ; porte de bronze parfois inexorable, eût-on le rameau d'or. Il faut, d'ordinaire, comme aux grands hôtels, le bagage bien conditionné d'un voyageur de marque. Colardeau s'occupe de rassembler le sien. Il y prend plaisir plus qu'au testament. Il a un libraire Lejay. Il traite avec lui pour une édition collective de ses œuvres. « elle comportera trois volumes. je corrige tout ce que j'ai fait avec le plus grand soin et je suis occupé à ramasser tout ce qui m'est échappé de passable dans la société. je vous prie de tâcher d'avoir de Messieurs duhamel l'épître que je leur ai adressée. il y avait de bonnes choses et avec quelques corrections elle sera digne de paroître... »

(1) *Ibid.*

(2) 9 janvier 1772.

*
* *

Cette épître est son meilleur ouvrage, je ne dirai pas
« chant du cygne », car le cygne jamais ne chanta et Colardeau n'a rien d'un lyrique. Sa poésie est à la mode du
temps, faussement mythologique, faussement descriptive,
antipode du lyrisme. Celui-ci est l'émoi de l'âme humaine
devant le mystère des choses ; c'est le chant, rythme naturel de cette vibration intérieure. Le descriptif ne vibre pas ;
il s'évertue ou se tue à exprimer en vers ce qu'il n'estime
pas poétique. Pourquoi donc ne pas parler en prose ? Elle
est si belle ! plus rebelle aussi à beaucoup : il faut la domp-
ter. Le vers se laisse manier, sauf à ne rien dire. Pour le
lyrique tout est poésie puisque tout vient de l'âme et son
langage n'est qu'à lui, plus plein et plus bref, dans sa perfection, que la meilleure prose, à moins que cette prose ne
soit la sienne, par exception (Bossuet, Chateaubriand). Que
Verlaine dise

L'or des pailles s'effondre au vol siffleur des faux,

c'est de quoi mettre en déroute les pâles ombres des Delille,
Saint-Lambert et *tutti quanti*, notre Colardeau même.

Epître charmante, tout compte fait. C'est lui, son cœur
aimant, — c'est son pays, le Gâtinais, ses arbres, ses cul-
tures, ses bienfaisantes eaux de Segray, — mieux encore
c'est le sage Duhamel de Denainvilliers, philosophe en
action qui vécut aux champs de ses pères et n'eut d'autre
politique, d'autre ambition que de faire autour de lui des
heureux, d'enseigner le peuple par l'exemple, de l'instruire
des travaux qui font la terre plus maternelle et plus aimable
à ceux qu'elle nourrit. Il fut de ces hommes que le peuple
bénit d'abord, qu'il oublie vite, en profitant de leurs décou-
vertes. Ils ne furent rien, pas même académiciens. Malesherbes le devenait en 1775, un peu par Colardeau qui s'effaça devant lui. Malesherbes, une gloire du Gâtinais,
quoique né à Paris ; Malesherbes un nom si grand et si pur !

Pour avoir été à la peine, plus qu'aux honneurs, pour avoir
aimé le peuple, les lettres, la philosophie, pour avoir été un
ministre intègre, un avocat sans défaillance, pour n'avoir
pas eu la lâcheté d'abandonner son roi au jour du malheur,
Malesherbes, au nom du peuple souverain, fut envoyé à
l'échafaud. Colardeau qui avait adressé des vers aux enfants
de France, à Louis XV « bourgeois d'Auteuil » et qui n'eût
pas renié Louis XVI, j'en suis sûr, Colardeau, si la mort ne
l'eût libéré, aurait été peut-être emporté avec André Chénier
et Roucher sur la dernière charrette de Thermidor. Il eût
ainsi fini en beauté dans cette tragédie de la rue dont le bon
Ducis, qui put y échapper, garda l'épouvante. « Si je mets
les pieds hors de chez moi, j'ai du sang jusqu'à la cheville.
J'ai beau secouer en entrant la poussière de mes souliers, je
me dis comme Macbeth : ce sang ne s'effacera pas. »

*
* *

Colardeau, depuis quelques années, était en passe d'être
élu à l'Académie. Les dames le voulaient ; le roi eût donné
volontiers son agrément ; mais il était vieux, il avait coup
sur coup plusieurs indigestions (1), mourait peu après.
Plus sobre, le roi de Ferney, dans son antre, était à
craindre. Apprenant que les Anglais demandaient une
reprise de *Caliste*, il mit le hola, grogna, préparant ses
« sacrés ongles » et l'auteur se contentait de dire : « ce
grand homme est bien petit » (2). Plus petit encore, valet
de ses rancunes, La Harpe enrageait, brûlé de la « fièvre
verte ». Notre poète plusieurs fois céda son tour, qui vint

(1) *[à Paris, 5 mars 1776]* ». Ars. ms. *[1772 x. d (1772)]* Copie. *[V. ci-dessous,]* Shv. *[16 x bre 1773]*

(2) Autre grief de V. : Colardeau venait de publier (1774) *les
Hommes de Prométhée*, « ouvrage fort voluptueux » dont le succès
fut grand. V. avait fait sur cette fable un opéra, *Inde irae*. Le neveu
écrit à l'oncle le 27 juillet 1775 : « Je ne vous envoie que 3 exemplaires, un pour vous, un autre pour Mde Cocatrix et l'autre pour
M. Darnaud. » Et d'ajouter avec irrévérence : « Quand (*sic*) à vous
croyez en lire le cantique des cantiques. » — Le 12 août, même
note : « Ce petit poème est enlevé, lû et sçû de tout le monde. »

cependant. La secte elle-même avait désarmé ; d'Alembert, quoique dévoué à Voltaire, fut favorable (1). « J'ai été élu « à l'académie samedy dernier deux du courant. J'ai eu « 17 voix sur 25... J'ai eu pour moi toutes les voix des « gens de lettres et des véritables amateurs des lettres et « de plus le vœu public... » « Les visites m'ont tué », ajoutait-il, ne croyant pas dire si vrai. Il les avait faites avec Dorat, candidat aussi, non concurrent. Malade, il était heureux pourtant et voulait vivre, pour faire le bonheur des siens. « Je vais passer ma vie avec des évêques, « des cardinaux et des grands. Il seroit bien malheureux « que je ne vous fusse pas incessamment utile. Ma fortune « actuelle est honnête et l'on veut encore y ajouter. » Il a pensé à ses sœurs dans son testament. Et quel regard de fierté vers son passé ! « Le petit écolier de Meun orphelin « à 10 ans, abandonné à lui-même, jetté au hazard et sans « appui dans la capitale n'a pas été maladroit d'arriver au « but où il est, en considérant le point d'où il est parti.(2) »

Hélas ! la dernière joie lui fut refusée. Il ne put prononcer son discours. Le 2 avril, il écrivait à son oncle sa dernière lettre ; il était mourant, espérait encore. Antoine Petit le soignait et avait déclaré que la maladie, quoique dangereuse, était guérissable. Cinq jours après, il mourait rue Cassette, le jour de Pâques. Il n'était point entré dans la « terre promise ».

*
* *

Les registres de Saint-Sulpice portent qu'il fut enterré le lendemain en présence de « Mre Louis Regnard prêtre docteur en théologie curé de la paroisse de Pithivier, au diocèse d'Orleans, son oncle maternel » et de « M. Gabriel-François Doyen, professeur de l'Académie Royale de peinture, premier peintre de Monsieur et de M. le comte d'Artois, frères du Roy ». (JAL, *Dictionn. critique.*)

(1) Ars. ms 7573, l. a. s. de V. Girard, celui que Colardeau appelle « Valentin », un instituteur, je crois (30 mars 1776).

(2) 5 mars 1776 (V. p. 19)

Dorat fit de son ami un éloge en vers où il mit tout son cœur. Dorat devait mourir quatre ans après, sans avoir été académicien, ruiné, mangeant des confitures que lui envoyait la comtesse de Beauharnais, un bas-bleu. Dorat, toujours épris de vers et d'amour, sentant sa fin venue, reçut son curé fort poliment, le remercia, sans vouloir l'en. tendre, et, après avoir fait sa toilette, bien coiffé, bien pou. dré, il rendit le dernier soupir.

Nommé à l'Académie en remplacement de Colardeau, non reçu, La Harpe dut prononcer son éloge, ainsi que celui du duc de Saint-Aignan qui n'avait pas eu le sien. Marmontel répondit au récipiendaire (27 juin 1776). Le tout Paris d'alors était là : les amis de Colardeau, les amies plus encore, l'oreille au guet, le cœur plein d'émoi. Séance mémorable, apothéose éphémère. Un jeu du destin assemblait dans le temple trois servants d'amour qui s'étaient ailleurs succédé. L'absent triomphait et les deux autres lui offraient l'encens de leur éloquence. Spectacle unique, je crois, dans les annales de la Compagnie. Tout se passa bien, quoi que les nouvellistes aient pu dire. Le petit La Harpe valait mieux que sa réputation. Il fit l'aveu d'une « sensibilité quelquefois trop malheureusement employée à repousser l'injustice ». C'était condamner de vilaines épigrammes. Il loua pertinemment le poète, car il était l'homme de goût, le vrai critique de cette littérature finissante. Il eut pour le malade, pour cette « âme sensible et naïve » ouverte à l'amitié, « pour l'enfant d'adoption d'une famille respectable » des accents pénétrants dont il faut lui savoir gré. Marmontel avait la tâche plus facile et son succès fut d'autant plus vif qu'en louant Colardeau il persifla très académiquement le nouvel élu. Il disait du premier : « Il se plaisoit dans la solitude. » La solitude dans le parc d'un château, où l'on mange des pâtés d'alouettes, cela fait sourire aujourd'hui. Il ajoutait : « Le chant des oiseaux étoit pour lui une harmonie délicieuse ; il passoit des nuits à l'entendre. Ecoute, disoit-il à son ami, qui veilloit avec lui, écoute : que la voix du rossignol est pure ! que les accens en sont mélodieux. Ainsi devroient être mes vers. Le Chantre du Printemps étoit le seul rival dont il se permit d'être envieux. » Colardeau aimait la gloire sans aucun désir de rabaisser celle des autres. Et Marmontel citait de lui ce mot : « La critique me fait tant de mal, que je n'aurai jamais la cruauté de l'exercer contre personne. » Acclamations ; les Colardines frémissaient d'enthousiasme. L'orateur, sans profiter de la leçon du poète, se tournant vers La Harpe : « Pour nous, Monsieur, sans nous *séduire*, vous nous avez intéressés, par le courage avec lequel nous vous avons vu lutter sans cesse contre le torrent de l'envie, et nous disions quelquefois : tu as beau vouloir le submerger, tu ne fais qu'exercer et accroître ses forces. *Merses profundo, pulchrior evenit.* » Plus énergique, le latin disait : « Plonge-le tout au fond, il reparaît plus beau. » Rires, trépignements, tous les yeux à l'instant tournés vers le pauvre nain (1), prêt à prendre la porte. Ne trouvez-vous pas que Colardeau était trop vengé ?

Colardeau, La Harpe, Marmontel, qu'est-ce que tout cela ?

Voyageurs disparus derrière l'horizon (2).

(1) Ce nain, le grand-duc Paul, futur empereur de Russie, l'appelait « altesse ». (V. DIEUDONNÉ-THIÉBAULT, *Mes Souvenirs*, III, p. 345.)

(2) Je m'excuse d'altérer ici un vers fameux. Ces hommes ont fait de façon plus ou moins brillante le voyage de la vie. Je ne puis pourtant les appeler des « soleils ». Je corrige, d'autre part, la citation de Marmontel : au lieu de *evenit*, lire *exiet* (HOR., *Od.* IV, 4. 65).

***

IIIe *P. S.* — Trois, chiffre fatidique. Il s'impose à moi. J'ai dû laisser de côté la dernière lettre de Colardeau à son oncle, l'expression *in extremis* de son incroyance ; lettre importante dont j'ai signalé deux copies (Abbé PATAUD, ARSENAL). En voici une troisième, celle de Le Rouge (Bibl. d'Orl. M. 469), conforme aux autres, sauf des corrections d'orthographe et de style, avec une page en plus de nouvelles diverses. Elle doit donc représenter l'original qui manque. Elle est alors donnée comme inédite. Cet original se trouve peut-être dans quelque collection maçonnique. La copie est ici précédée d'une *Notice histor. sur Collardeau* (sic), *nom donné p^r mot d'ordre dans la séance des Pris :: du 1er dimanche d'Avril 1821.* Ce mss. fut acheté en 1835 à la vente de M. Le Rouge, membre de la Société des antiquaires de France et franc-maçon notable (1766-1833) V. son *Catalogue de livres manuscrits et imprimés sur la Franc-Maçonnerie et les Sociétés secrètes...* Paris, Leblanc, 1834, n° 516, p. 67. — Faut-il déduire de là que Colardeau fut affilié à quelqu'une des loges qui s'ouvraient en France vers la fin du xviiie siècle ? L'engouement gagna la plus haute société. Le poète céda-t-il à d'aimables insistances ? n'allons pas nous égarer. Il n'y a là sans doute qu'une coïncidence printanière. Colardeau était mort en avril. L'orateur cherchait un sujet, œuf de Pâques ou poisson d'avril, pour servir à ses frères : : Ce fut la « Lettre inédite ». Le tout est pour nous fort curieux... mais... mais... finissons.

*
* *

Et toi, mon manuscrit, découpé, rapiécé comme ces carpettes de chiffons multicolores qui parfois ornaient (?) des parloirs de couvents, va-t-en vers la « linotype », admirable machine. « Elle est vivante », me dit le maître, sous qui elle travaille dans le jeu souple et savant de ses organes. Elle est jeune, elle est moderne. Qu'es-tu toi, que vaux-tu ? Mes lecteurs jugeront.

Imp. Moderne. — ORLÉANS.